WOW!

LE MONDE ANIMAL

Un livre Dorling Kindersley
www.dk.com

Ce livre a été publié pour la première fois en 2009,
par Dorling Kindersley Limited sous le titre de *WOW! ANIMAL*

POUR L'ÉDITION ORIGINALE :

Responsable éditoriale Jenny Finch
Responsable artistique Stefan Podhorodecki
Photographe Dave King
Iconographe Nic Dean
Directrice de création Sophia M Tampakopoulos Turner

Directrice éditoriale Linda Esposito
Directrice artistique Diane Thistlethwaite
Responsable éditorial Andrew Macintyre
Directrice de collection Laura Buller

POUR L'ÉDITION FRANÇAISE :

Responsable éditorial Thomas Dartige
Édition Éric Pierrat
Adaptation et réalisation ML Éditions, Paris
sous la direction de Michel Langrognet
Édition et PAO Anne Papazoglou-Obermeister
Traduction Annick de Scriba (p. 6 à 51 et 116 à 127),
et Geneviève Boisset (p. 52 à 115)
Correction Christiane Keukens-Poirier

POUR L'ÉDITION FRANÇAISE AU CANADA :

 5757, RUE CYPIHOT
SAINT-LAURENT (QUÉBEC)
H4S 1R3

www.erpi.com/documentaire

Dépôt légal - Bibliothèque et Archives nationales du Québec, 2010
Dépôt légal - Bibliothèque et Archives Canada, 2010

ISBN 978-2-7613-3500-3
K 35003

Imprimé en Chine
Édition vendue exclusivement au Canada

WOW!
LE MONDE ANIMAL

ERPI

Auteur:
John Woodward
Conseiller:
Kim Bryan

1

2

Sommaire

DANS LA SAVANE AFRICAINE
Girafes, zèbres, oiseaux et autres espèces assoiffées sont réunis autour d'un point d'eau. Ces animaux représentent une infime partie de la diversité de la faune sur Terre.

La diversité

La vie

Des bactéries microscopiques aux énormes baleines bleues, la Terre est peuplée d'une spectaculaire diversité d'êtres vivants. Malgré leurs différences évidentes, tous partagent certains traits : ils se procurent de l'énergie, grandissent, répondent à leur environnement et se reproduisent, ce que les objets inanimés ne peuvent faire. Les scientifiques divisent les formes de vie en cinq groupes appelés règnes. Chacun dispose de ses caractéristiques propres.

Staphylocoque

Helicobacter pylori

LES BACTÉRIES ▶

Êtres vivants les plus petits, abondants et répandus, les bactéries n'ont qu'une cellule qui, malgré sa simplicité, a les mêmes fonctions de base que celles des autres organismes. Certaines tirent leur alimentation de leur environnement et d'autres la fabriquent à partir du soleil ou d'une autre source d'énergie.

◀ LES PROTISTES

La plupart n'ont qu'une cellule, plus grosse et complexe que celles des animaux et des plantes, et vivent généralement dans l'eau ou en zone humide. Les protistes se divisent en protozoaires (animaux) qui se procurent leur nourriture dans leur environnement et en algues (plantes) qui fabriquent leurs aliments par la photosynthèse.

Amibe

Amanites tue-mouche

Paramécie

Vesses-de-loup

Levure sèche

LES CHAMPIGNONS ▶

Champignons, moisissures et levures, entre autres, font partie de cette catégorie. Certains ressemblent à des plantes, mais leur mode de vie est très différent. Pour se nourrir, ils produisent des sucs digestifs, les enzymes, qui décomposent la matière morte ou vivante, puis ils absorbent les nutriments libérés.

Moisissure du pain

Pylore

LES ANIMAUX ▼

En dépit d'une grande diversité, les animaux ont des traits communs. Ils sont multicellulaires et se nourrissent d'autres êtres vivants. Tous bougent au moins une partie de leur corps et beaucoup se déplacent pour trouver leur nourriture, en s'aidant d'un ou plusieurs sens.

Tapir

Lama

Koala

Crevette cardinale

Faisan

Périophtalme

Serpent des mangroves

Porc-épic

Taon

Iguane

Nautile

Rat

Crabe

Blatte siffleuse

Tatou

Lis

Mousse

LES PLANTES ▶

Des herbes aux arbres géants, toutes ont besoin d'eau, de soleil, et de terre pour ancrer leurs racines. Peu se nourrissent d'autres organismes : grâce à la photosynthèse, elles captent la lumière du soleil et transforment le dioxyde de carbone et l'eau en nourriture.

Herbe

Lierre

❶ LES SPONGIAIRES

Les 5 000 espèces d'éponges vivent dans l'eau salée ou douce. À l'état de larves, elles dérivent jusqu'à ce qu'elles trouvent un endroit pour s'établir à l'âge adulte. Forme animale la plus simple, elles n'ont pas de forme définie et se nourrissent en filtrant des particules à travers leurs pores.

❷ LES CNIDAIRES

Ce sont les coraux, les anémones de mer, les méduses et autres animaux apparentés. Essentiellement marins, ils nagent, flottent ou sont fixés sur une roche. Beaucoup sont carnivores et capturent leurs proies à l'aide de tentacules. Certaines espèces se rassemblent en colonies comptant de nombreux sujets.

❸ LES VERS

Animaux au corps allongé, mou et dépourvu de pattes, les vers n'appartiennent pas tous au même phylum. Les annélides comprennent les vers au corps divisé en segments comme les vers de terre, les sangsues et les néréis. Les platodes comprennent les vers plats, dont le corps aplati ressemble à un ruban.

❹ LES ARTHROPODES

Plus vaste groupe d'animaux, on en connaît plus d'un million d'espèces. Tous ont un exosquelette dur ou une cuticule recouvrant leur tête, leur corps segmenté et leurs pattes articulées. Les principaux groupes d'arthropodes sont les insectes, les crustacés (crabe, écrevisse…) et les arachnides (araignée, scorpion…).

Le règne animal

Le règne animal compte une incroyable variété d'espèces différentes, que l'on peut classer en 34 groupes, ou phyllums. Un seul, les chordés, inclut tous les vertébrés (animaux possédant une colonne vertébrale, comme le poisson, le furet ou la grenouille). Les autres représentent plus de 97 % des espèces connues : ce sont les invertébrés (animaux sans colonne vertébrale) qui, lointains parents, ont peu de caractéristiques communes entre eux.

❺ LES MOLLUSQUES

Parmi ces animaux à corps mou, beaucoup sont protégés par une coquille (escargot, bulot, patelle…) ou deux coquilles reliées par une charnière (moule, palourde…), les bivalves, qui ne bougent pratiquement pas. La branche des céphalopodes, elle, comprend des mollusques comme l'encornet, la seiche et la pieuvre, des animaux intelligents qui peuvent se déplacer très rapidement dans l'eau.

❻ LES ÉCHINODERMES

Le corps des échinodermes (« à peau épineuse ») est divisé en cinq parties disposées autour d'un point central, comme les rayons d'une roue, et possède un squelette de plaques dures situées juste en dessous de la peau. Ce phylum comprend l'étoile de mer, l'ophiure, l'oursin et le concombre de mer, qui vivent tous dans la mer.

❼ LES CHORDÉS

La majorité des chordés sont des vertébrés. Leur colonne vertébrale fait partie d'un squelette interne flexible qui soutient le corps et bouge grâce aux muscles qui lui sont fixés. Ils possèdent quatre membres, ainsi qu'un système nerveux et des organes sensoriels très évolués. Font partie des chordés vertébrés les oiseaux, les reptiles, les mammifères, les amphibiens et les poissons, et des chordés invertébrés, les tuniciers et les amphioxus.

7. LE RÈGNE ▶

Au sommet de la classification, le règne animal compte plus de 30 phylums. À l'exception des chordés, les autres phylums sont généralement regroupés en « invertébrés » parce qu'ils ne possèdent pas de squelette, bien que ce terme n'ait aucune signification en matière de classification. Ils incluent les arthropodes (insectes, araignées et crabes), les mollusques et les vers.

6. LE PHYLUM ▶

Les animaux sont classés en phylums selon leurs caractéristiques principales. Les mammifères et classes apparentées (poissons, oiseaux, reptiles et amphibiens) sont des chordés. Tous ont une chaîne nerveuse le long du dos et, à un certain stade de leur vie, une notochorde : la plupart des chordés sont des vertébrés, animaux dont la notochorde se transforme en colonne vertébrale.

▼ 5. LA CLASSE

Pas moins de 21 ordres différents composent la classe des mammifères, des carnivores, des chauves-souris et des phoques aux primates (dont l'homme) et aux kangourous. Malgré leur diversité, tous sont endothermes (à sang chaud), allaitent leurs petits et, pour la plupart, ont une fourrure. Aucune autre classe animale ne présente ces deux dernières caractéristiques.

Papillon

Libellule

Pieuvre

Crabe

Escargot

Toucan

Mygale

Crocodile

Poisson-ange

Python

Grenouille

Chauve-souris

Kangourou

Otarie

Perroquet

Manchot

Ours polaire

Orang-outan

Tigre

La classification

Il existe 1,5 million d'espèces d'animaux connues sur Terre et des millions d'autres restent à découvrir. Pour classer ces nombreuses créatures, les scientifiques examinent leurs similarités et leurs différences et les organisent en groupes de taille croissante : genre (espèces apparentées), famille, ordre, classe, phylum et règne (toutes les espèces). À titre d'exemple, cette page indique à quels groupes appartient la belette pygmée et sa parenté avec d'autres espèces.

1. L'ESPÈCE ▶

La belette pygmée porte le nom scientifique de *Mustela nivalis*, *Mustela* étant son genre et *nivalis* son espèce. Chaque espèce possède un nom scientifique latin en deux parties valable dans le monde entier. Les membres d'une même espèce ont des caractéristiques communes et peuvent se reproduire entre eux.

▶ 2. LE GENRE

Le genre regroupe les espèces proches mais ne pouvant se reproduire entre elles. Le genre *Mustela* compte 16 espèces, dont la belette pygmée, l'hermine et le putois. Tous ces petits prédateurs ont un mode de vie légèrement différent.

▶ 3. LA FAMILLE

Les genres apparentés sont regroupés en famille. *Mustela* est l'un des 24 genres de la famille des mustélidés. Tous sont des chasseurs fouineurs, certains cherchant également leur nourriture dans l'eau ou dans les arbres.

▶ 4. L'ORDRE

L'ordre des carnivores se compose de 7 familles, dont les mustélidés, les chats, les ours, les chiens et les renards. Ces animaux mangent de la viande, sont de bons chasseurs et les prédateurs dominants sur Terre, et possèdent des dents pour couper la viande. Certains, comme l'ours, ont un régime alimentaire plus large. Le mot carnivore désigne parfois des animaux d'autres ordres qui mangent aussi de la viande.

Belette pygmée

Hermine

Loutre

Blaireau européen

Renard roux

Les invertébrés

Les invertébrés représentent environ 97% des espèces animales. Contrairement aux vertébrés, ils n'ont pas de colonne vertébrale. Très variés, ils ont peu de points communs mais des besoins similaires : ils doivent se déplacer, absorbent des aliments et de l'oxygène pour se procurer de l'énergie, réagissent à leur environnement et se reproduisent.
Voici les organes et les systèmes vitaux de trois types d'invertébrés : l'étoile de mer, le ver plat et le homard.

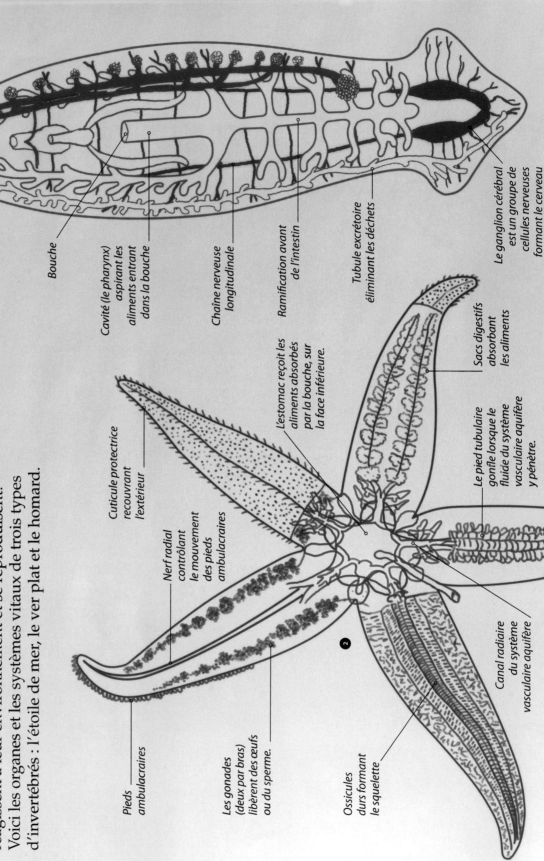

Ramification arrière de l'intestin

Bouche

Cavité (le pharynx) aspirant les aliments entrant dans la bouche

Chaîne nerveuse longitudinale

Ramification avant de l'intestin

Tubule excrétoire éliminant les déchets

Le ganglion cérébral est un groupe de cellules nerveuses formant le cerveau du ver.

Cuticule protectrice recouvrant l'extérieur

Nerf radial contrôlant le mouvement des pieds ambulacraires

Pieds ambulacraires

Les gonades (deux par bras) libèrent des œufs ou du sperme.

Ossicules durs formant le squelette

L'estomac reçoit les aliments absorbés par la bouche, sur la face inférieure.

Sacs digestifs absorbant les aliments

Le pied tubulaire gonfle lorsque le fluide du système vasculaire aquifère y pénètre.

Canal radiaire du système vasculaire aquifère

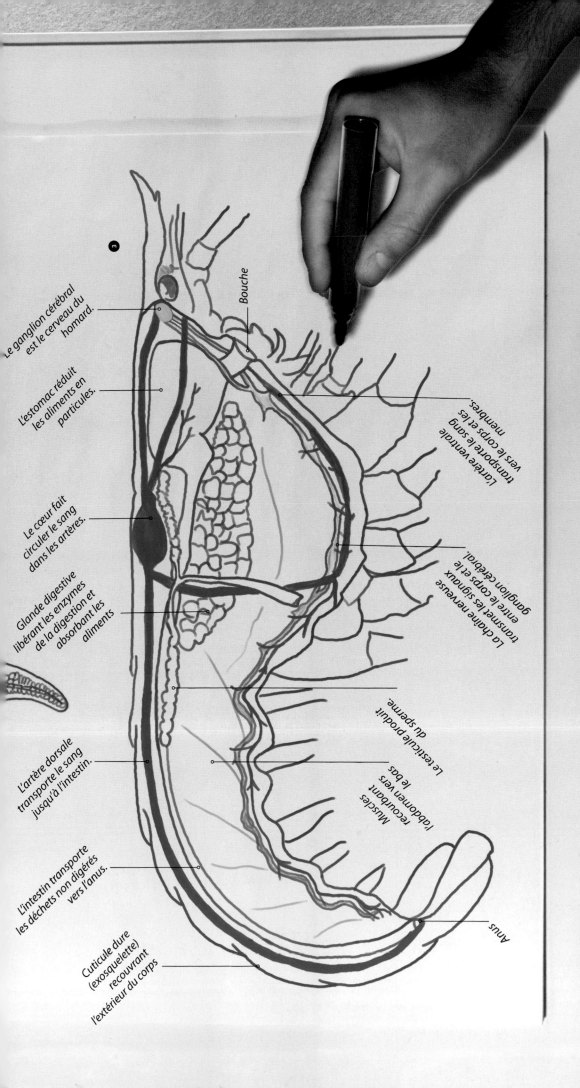

Le ganglion cérébral est le cerveau du homard.

L'estomac réduit les aliments en particules.

Le cœur fait circuler le sang dans les artères.

Glande digestive libérant les enzymes de la digestion et absorbant les aliments

L'artère dorsale transporte le sang jusqu'à l'intestin.

L'intestin transporte les déchets non digérés vers l'anus.

Cuticule dure (exosquelette) recouvrant l'extérieur du corps

Bouche

Anus

L'artère ventrale transporte le sang vers le corps et les membres.

La chaîne nerveuse transmet les signaux entre le corps et le ganglion cérébral.

Le testicule produit du sperme.

Muscles recourbant vers le bas l'abdomen.

❶ LE VER PLAT

Cet invertébré simple ne possédant ni appareil respiratoire ni appareil circulatoire (sang), l'oxygène passe à travers sa peau. La nourriture entre (et les déchets sortent) par la bouche et circule dans tout le corps grâce à un appareil digestif très ramifié. Un cerveau simple contrôle les mouvements par le biais d'une chaîne nerveuse et capte les signaux des yeux simples.

❷ L'ÉTOILE DE MER

Cette coupe montre une vue différente de chacun des bras. Un squelette d'ossicules (petits os) durs se trouve juste sous la peau. L'appareil digestif se compose d'une bouche, d'un estomac et de cinq sacs digestifs, un par bras. Chaque bras contient aussi une branche du système vasculaire aquifère, qui pompe le fluide vers un pied tubulaire pour permettre à l'étoile de mer de se déplacer.

❸ LE HOMARD

Cet arthropode possède un corps dur et articulé, et des membres aux muscles contrôlés par le cerveau, qui envoie des signaux le long de la chaîne nerveuse. Son cerveau lui permet aussi de voir et de palper. Les aliments sont digérés par l'appareil digestif, un tube ouvert à chaque extrémité (bouche et anus). Le sang pompé par le cœur vers les vaisseaux sanguins distribue les aliments et l'oxygène.

Les vertébrés

Poissons, amphibiens, reptiles, oiseaux et mammifères sont appelés vertébrés, car ils possèdent une colonne vertébrale. C'est la partie du squelette qui soutient le crâne et à laquelle sont reliés les membres. Un vertébré possède plusieurs autres systèmes pour fonctionner. Les principaux sont décrits ici à partir de l'exemple du lapin.

❶ LA PEAU, LES POILS ET LES GRIFFES

Tous les vertébrés ont une peau. Chez les poissons et les reptiles, elle est recouverte d'écailles, chez les oiseaux de plumes et chez les mammifères de fourrure. Les poils poussent dans la peau et aident l'animal à maintenir son corps à une température constante. Les griffes ou les sabots sont faits de la même substance que les poils et permettent aux animaux de prendre appui sur le sol pour se déplacer.

❷ LE SQUELETTE

Les os forment un cadre flexible qui soutient le lapin, protège ses organes et lui permet de bouger. Le point de rencontre entre plusieurs os est une articulation, dont la plupart sont mobiles.

❸ LA CIRCULATION

Le sang transporte l'oxygène, les aliments et autres substances dans toutes les parties du corps et élimine les déchets. Le cœur transporte le sang riche en oxygène par des « tuyaux », les artères. Le sang appauvri en oxygène retourne au cœur par les veines.

❹ LA RESPIRATION

Par la respiration, l'air parvient aux poumons. Son oxygène passe dans le sang, qui le transporte vers toutes les cellules où il sert à fabriquer de l'énergie à partir des aliments. Le dioxyde de carbone retourne aux poumons, qui l'expulsent lors de l'expiration.

❺ LE SYSTÈME NERVEUX

Il permet au lapin de bouger et de reconnaître son environnement. Centre de contrôle du système nerveux, le cerveau, dans le crâne, transmet ses ordres à la moelle épinière fixée à sa base. Les nerfs reliés au cerveau et à la moelle épinière transmettent les signaux de (et vers) toutes les parties du corps.

❻ L'APPAREIL DIGESTIF

La nourriture est essentielle à la vie, car elle fournit de l'énergie et des matières premières au corps. L'appareil digestif se compose d'un long tube (bouche, estomac et intestins) qui digère les aliments en nutriments simples, les fait passer dans le sang, puis élimine les déchets non digérés.

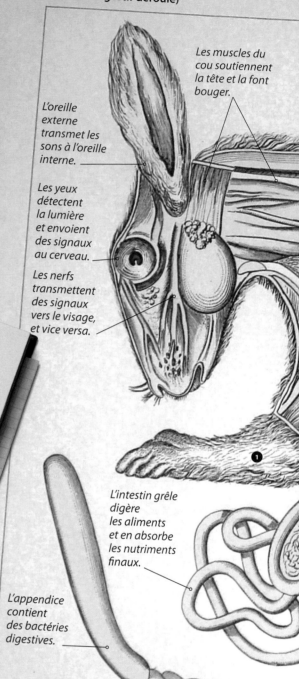

Vue interne d'une lapine (appareil digestif déroulé)

Les muscles du cou soutiennent la tête et la font bouger.

L'oreille externe transmet les sons à l'oreille interne.

Les yeux détectent la lumière et envoient des signaux au cerveau.

Les nerfs transmettent des signaux vers le visage, et vice versa.

L'intestin grêle digère les aliments et en absorbe les nutriments finaux.

L'appendice contient des bactéries digestives.

❼ L'APPAREIL URINAIRE

Deux reins, la vessie et les tubes qui les relient forment l'appareil urinaire. Les reins filtrent le sang pour en ôter les déchets et l'excès d'eau. Ils produisent ainsi l'urine, qui est stockée dans la vessie jusqu'à son élimination.

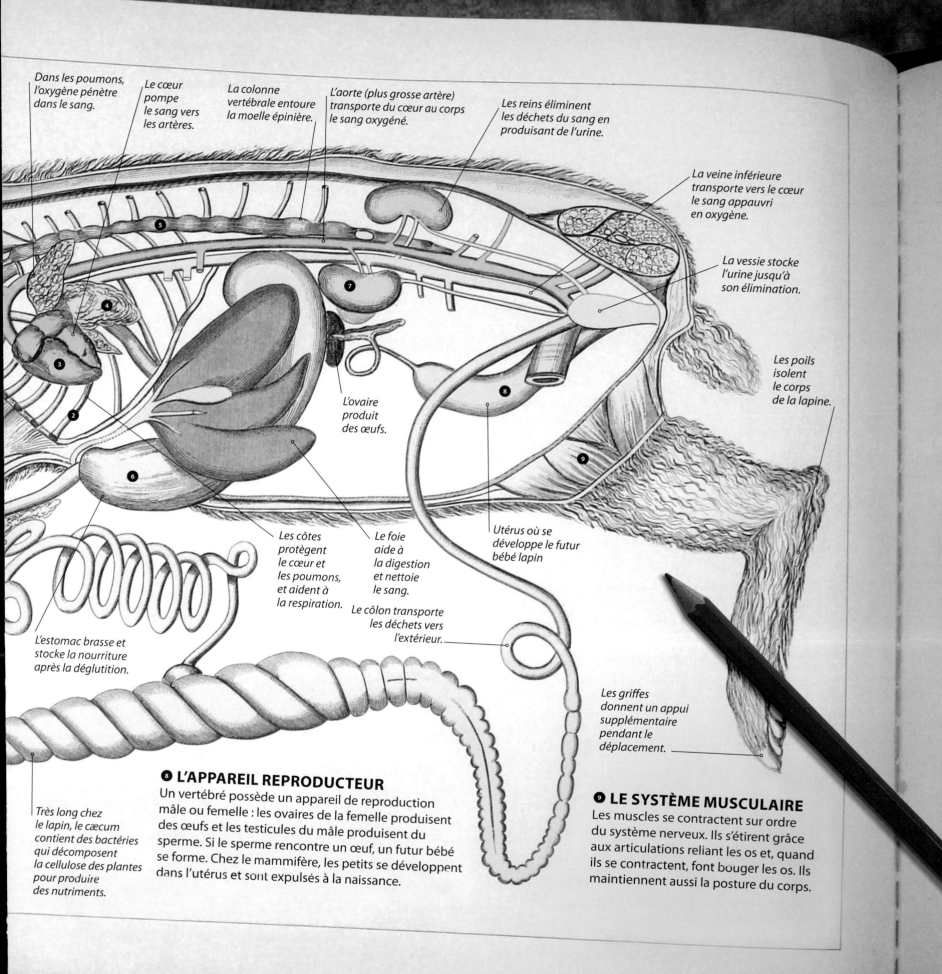

Dans les poumons, l'oxygène pénètre dans le sang.

Le cœur pompe le sang vers les artères.

La colonne vertébrale entoure la moelle épinière.

L'aorte (plus grosse artère) transporte du cœur au corps le sang oxygéné.

Les reins éliminent les déchets du sang en produisant de l'urine.

La veine inférieure transporte vers le cœur le sang appauvri en oxygène.

La vessie stocke l'urine jusqu'à son élimination.

Les poils isolent le corps de la lapine.

L'ovaire produit des œufs.

Les côtes protègent le cœur et les poumons, et aident à la respiration.

Le foie aide à la digestion et nettoie le sang.

Utérus où se développe le futur bébé lapin

Le côlon transporte les déchets vers l'extérieur.

L'estomac brasse et stocke la nourriture après la déglutition.

Les griffes donnent un appui supplémentaire pendant le déplacement.

Très long chez le lapin, le cæcum contient des bactéries qui décomposent la cellulose des plantes pour produire des nutriments.

❽ L'APPAREIL REPRODUCTEUR

Un vertébré possède un appareil de reproduction mâle ou femelle : les ovaires de la femelle produisent des œufs et les testicules du mâle produisent du sperme. Si le sperme rencontre un œuf, un futur bébé se forme. Chez le mammifère, les petits se développent dans l'utérus et sont expulsés à la naissance.

❾ LE SYSTÈME MUSCULAIRE

Les muscles se contractent sur ordre du système nerveux. Ils s'étirent grâce aux articulations reliant les os et, quand ils se contractent, font bouger les os. Ils maintiennent aussi la posture du corps.

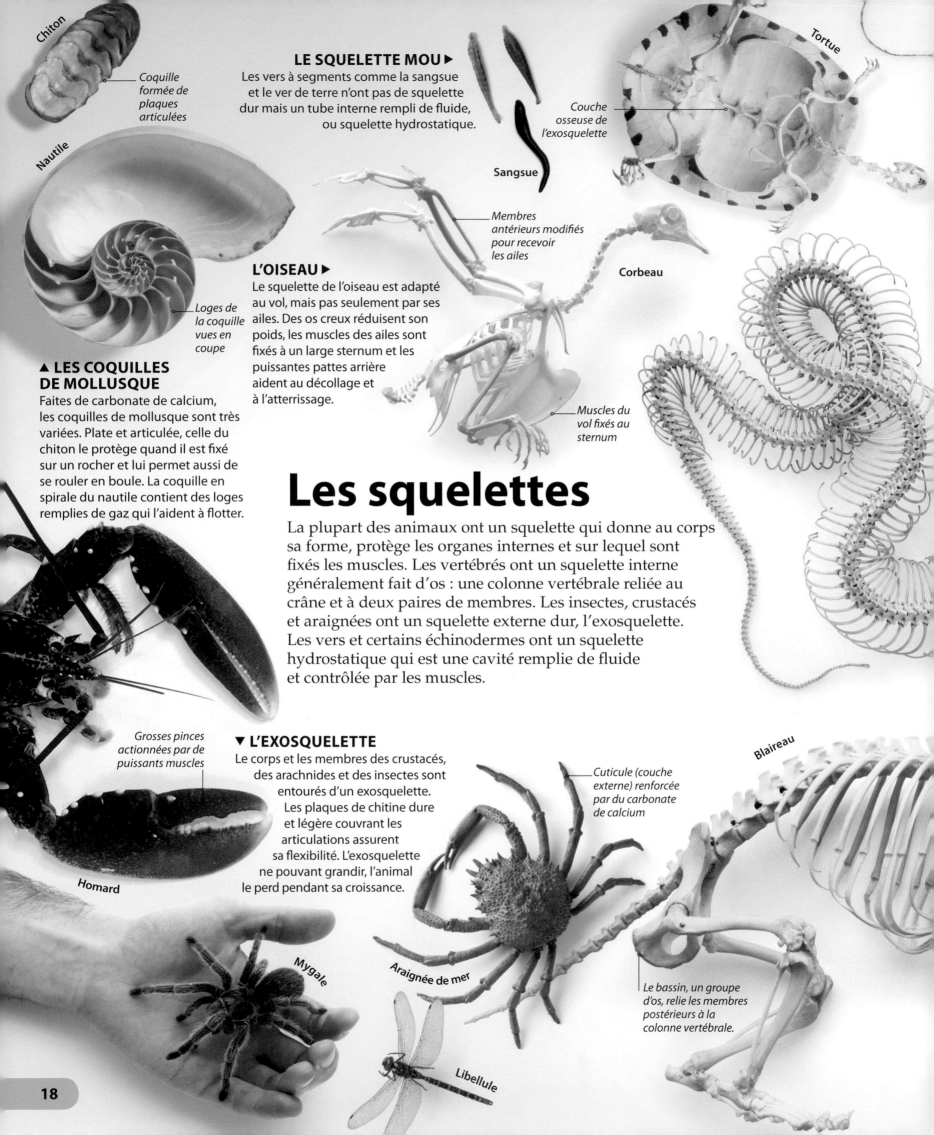

Chiton

Coquille formée de plaques articulées

Nautile

LE SQUELETTE MOU ▶
Les vers à segments comme la sangsue et le ver de terre n'ont pas de squelette dur mais un tube interne rempli de fluide, ou squelette hydrostatique.

Sangsue

Tortue

Couche osseuse de l'exosquelette

Membres antérieurs modifiés pour recevoir les ailes

Corbeau

Loges de la coquille vues en coupe

L'OISEAU ▶
Le squelette de l'oiseau est adapté au vol, mais pas seulement par ses ailes. Des os creux réduisent son poids, les muscles des ailes sont fixés à un large sternum et les puissantes pattes arrière aident au décollage et à l'atterrissage.

Muscles du vol fixés au sternum

▲ LES COQUILLES DE MOLLUSQUE
Faites de carbonate de calcium, les coquilles de mollusque sont très variées. Plate et articulée, celle du chiton le protège quand il est fixé sur un rocher et lui permet aussi de se rouler en boule. La coquille en spirale du nautile contient des loges remplies de gaz qui l'aident à flotter.

Les squelettes

La plupart des animaux ont un squelette qui donne au corps sa forme, protège les organes internes et sur lequel sont fixés les muscles. Les vertébrés ont un squelette interne généralement fait d'os : une colonne vertébrale reliée au crâne et à deux paires de membres. Les insectes, crustacés et araignées ont un squelette externe dur, l'exosquelette. Les vers et certains échinodermes ont un squelette hydrostatique qui est une cavité remplie de fluide et contrôlée par les muscles.

Grosses pinces actionnées par de puissants muscles

▼ L'EXOSQUELETTE
Le corps et les membres des crustacés, des arachnides et des insectes sont entourés d'un exosquelette. Les plaques de chitine dure et légère couvrant les articulations assurent sa flexibilité. L'exosquelette ne pouvant grandir, l'animal le perd pendant sa croissance.

Blaireau

Cuticule (couche externe) renforcée par du carbonate de calcium

Homard

Mygale

Araignée de mer

Libellule

Le bassin, un groupe d'os, relie les membres postérieurs à la colonne vertébrale.

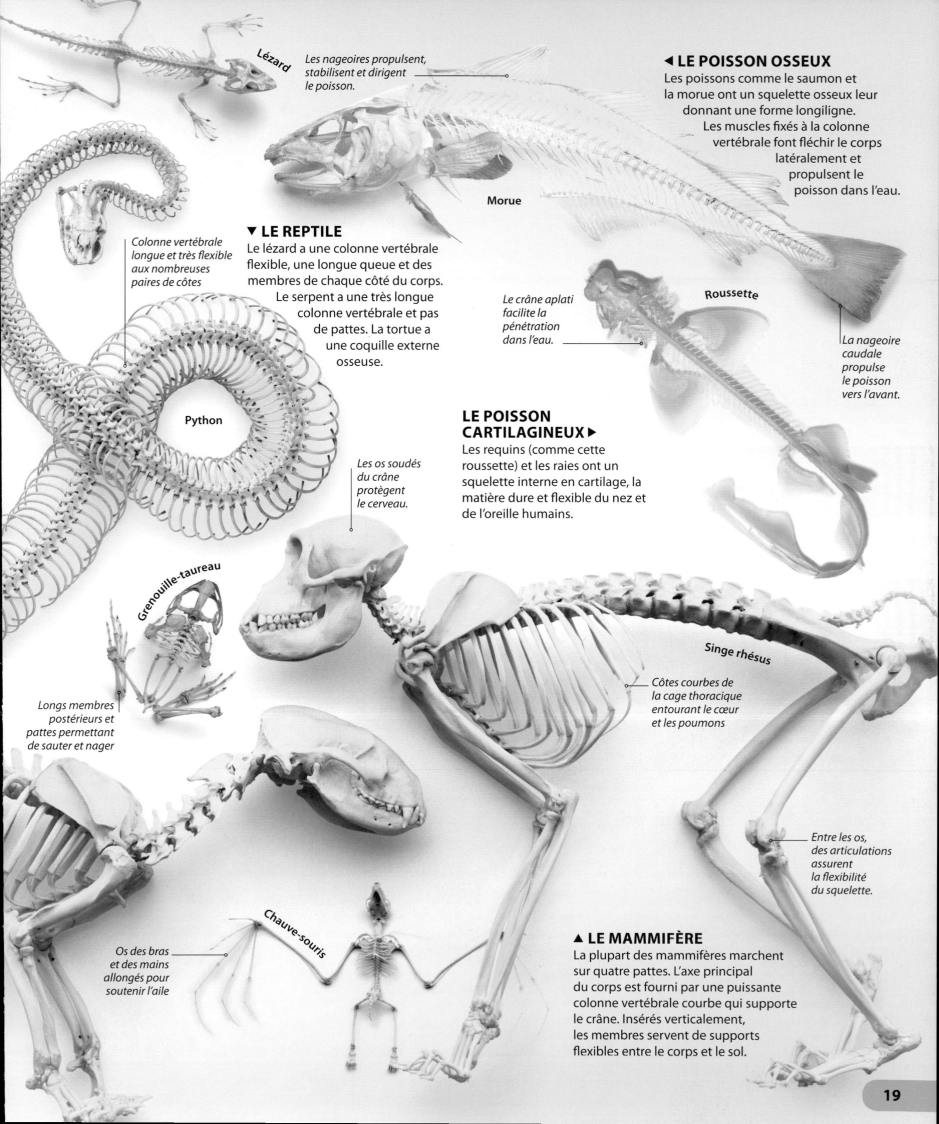

Lézard

Les nageoires propulsent, stabilisent et dirigent le poisson.

◄ LE POISSON OSSEUX

Les poissons comme le saumon et la morue ont un squelette osseux leur donnant une forme longiligne. Les muscles fixés à la colonne vertébrale font fléchir le corps latéralement et propulsent le poisson dans l'eau.

Morue

Colonne vertébrale longue et très flexible aux nombreuses paires de côtes

▼ LE REPTILE

Le lézard a une colonne vertébrale flexible, une longue queue et des membres de chaque côté du corps. Le serpent a une très longue colonne vertébrale et pas de pattes. La tortue a une coquille externe osseuse.

Le crâne aplati facilite la pénétration dans l'eau.

Roussette

Python

Les os soudés du crâne protègent le cerveau.

LE POISSON CARTILAGINEUX ▶

Les requins (comme cette roussette) et les raies ont un squelette interne en cartilage, la matière dure et flexible du nez et de l'oreille humains.

La nageoire caudale propulse le poisson vers l'avant.

Grenouille-taureau

Singe rhésus

Longs membres postérieurs et pattes permettant de sauter et nager

Côtes courbes de la cage thoracique entourant le cœur et les poumons

Entre les os, des articulations assurent la flexibilité du squelette.

Os des bras et des mains allongés pour soutenir l'aile

Chauve-souris

▲ LE MAMMIFÈRE

La plupart des mammifères marchent sur quatre pattes. L'axe principal du corps est fourni par une puissante colonne vertébrale courbe qui supporte le crâne. Insérés verticalement, les membres servent de supports flexibles entre le corps et le sol.

La symétrie

Le corps de la plupart des animaux est symétrique (proportions équilibrées). Cette symétrie peut être radiale : n'importe quelle ligne passant par le centre donne deux moitiés identiques (comme lorsque l'on découpe un gâteau rond).

La symétrie est bilatérale quand, en traçant une ligne médiane, on obtient deux moitiés égales. Certains animaux sont asymétriques.

L'ASYMÉTRIE ▶

Un groupe d'animaux, les éponges, ne présente aucune symétrie : leur croissance se fait « au hasard ». Quelle que soit la ligne tracée, on n'obtient jamais deux « moitiés » égales.

LA SYMÉTRIE BILATÉRALE ▼

Du papillon au buffle, la plupart des animaux présentent une symétrie bilatérale : si l'on trace une ligne médiane imaginaire (passant par le milieu) sur toute la longueur du corps, les moitiés gauche et droite sont identiques d'une extrémité à l'autre.

Morpho bleu

La tête comporte des yeux, un nez, une moustache et une bouche.

Phoque de Weddell

Le côté droit du carrelet est devenu sa face supérieure.

▲ LA TÊTE

Un animal présentant une symétrie bilatérale possède une extrémité appelée tête. Celle-ci contient les organes sensoriels comme les yeux, les oreilles, le nez et la moustache, en contact avec l'environnement avant le reste du corps. Ces organes perçoivent les changements, que le cerveau analyse et auxquels il répond.

L'œil gauche a migré vers le côté droit (dessus).

Agrias claudina

On peut diviser le corps en deux parties égales.

Haliclona rubens

Anémone verte géante

Cercle de tentacules entourant la bouche centrale

L'éponge grandit à partir du récif, du rocher ou du fond de la mer où elle est fixée.

Les cinq bras partent du centre.

LA SYMÉTRIE RADIALE ▲

La symétrie de l'anémone de mer est radiale. Comme une roue de vélo, les parties de son corps sont disposées autour d'un point central : toute ligne passant par le centre donne deux moitiés égales. La symétrie radiale de l'étoile de mer est spéciale : ses cinq parties égales sont disposées autour d'un point central.

Astérie rouge-sang

Crabe-violoniste

Le crabe-violoniste mâle dispose d'une pince bien plus grosse que l'autre.

Carrelet

GROSSE PINCE ▲

Le crabe-violoniste mâle a l'air bancal, car il a une pince bien plus grosse que l'autre, qu'il lève et agite dans l'air pour attirer les femelles pendant la parade nuptiale. Il s'en sert aussi pour défendre son terrier contre les autres crabes.

COQUILLE EN SPIRALE ▶

La plupart des escargots ne sont pas tout à fait symétriques. Une coquille en spirale protège leur corps et leurs organes internes : ils peuvent se retirer dans cet abri en cas de danger.

Le corps s'enroule dans la coquille en spirale.

Escargot

◀ CHANGEMENT DE CÔTÉ

La symétrie des poissons plats adultes, comme ce carrelet, est particulière. À la naissance, elle est bilatérale mais, peu après, l'œil gauche migre et se retrouve à côté de l'œil droit. Le poisson s'établit alors dans le fond de la mer sur son flanc gauche, qui est devenu sa face inférieure.

La longévité

En général, plus un animal est gros, plus il vit longtemps. Mais d'autres facteurs entrent en jeu. Les animaux qui se reproduisent peu fréquemment, qui ont peu de petits et s'en occupent, vivent souvent plus vieux que les autres espèces. C'est aussi le cas de ceux qui ont un gros cerveau par rapport à leur corps, de ceux qui dépensent lentement leur énergie et de ceux qui ont peu de prédateurs.

❶ **Le kangourou** vit en moyenne dix ans. Mature au bout de deux ans, il peut se reproduire toute l'année. Le jeune est chassé par les dingos et les rapaces.

❷ **L'abeille ouvrière** est une femelle stérile. Pendant ses cinq semaines de vie très active, elle nourrit et lave les larves et les pupes, construit de nouveaux rayons de cire pour les œufs et le miel, garde l'entrée de la colonie et récolte le pollen et le nectar des fleurs.

❸ **La salamandre géante** vit relativement longtemps : ce gros amphibien consomme peu d'énergie.

❹ **L'otarie**, chassée par les gros requins et les baleines tueuses, vit en moyenne quinze ans.

❺ **La tortue géante** peut vivre cent vingt ans. De nombreux facteurs contribuent à cette longévité : elle est grosse, a peu de prédateurs naturels sur les îles où elle vit, se déplace lentement et dépense peu d'énergie.

❻ **Le homard**, l'un des plus gros crustacés, est protégé des prédateurs par ses grosses pinces et sa carapace dure. La plupart vivent environ quinze ans, mais certains peuvent vivre plus de cent ans.

❼ **Le chat domestique** vit longtemps car il est soigné, nourri et vacciné. Les animaux domestiques vivent plus longtemps que les animaux sauvages, car ils sont nourris et protégés de leurs prédateurs naturels.

8 Grosse créature ectotherme (à sang froid), le crocodile se nourrit pendant de brèves périodes d'activité intense, mais passe le plus clair de son temps immobile, stratégie idéale pour vivre longtemps.

9 Le dauphin est une créature intelligente qui, dans des cas exceptionnels, peut vivre quarante ou cinquante ans.

10 L'albatros est un gros oiseau marin qui met des années à devenir mature. La femelle ne pond qu'un œuf à chaque saison de reproduction.

11 La femelle esturgeon met plus de vingt ans à atteindre sa maturité et ne se reproduit que tous les cinq ans.

12 L'ours polaire vit en moyenne vingt-cinq ans dans son rude milieu.

13 La souris est un petit mammifère endotherme (à sang chaud) au métabolisme rapide. Elle dépense beaucoup d'énergie pour sa taille et vit donc peu longtemps.

75 ANS

20 ANS

50 ANS

80 ANS

25 ANS

6 HEURES

2 ANS

4 SEMAINES

40 ANS

14 L'éléphant est un gros animal intelligent et social qui prend soin de ses petits. Il vit environ quarante ans.

15 La mouche domestique a une vie très courte, durant laquelle elle se nourrit et se reproduit.

16 Le clam est un mollusque bivalve (à double coquille). En 2007, on a trouvé en Islande des spécimens âgés de plus de quatre cents ans : c'est la plus longue durée de vie connue pour un animal.

17 L'éphémère passe deux à trois ans à l'état de nymphe en se nourrissant dans les cours d'eau. Un été, il devient un adulte ailé, se reproduit mais ne se nourrit pas et meurt quelques heures plus tard.

Les mammifères

Malgré leur aspect très divers, tous les animaux de cette double page sont des mammifères, un groupe incluant également l'homme. La plupart de ces vertébrés à sang chaud sont couverts de poils isolants et donnent naissance à des petits déjà bien développés, que la femelle nourrit avec son lait. Sur terre, dans l'eau et dans les airs, les mammifères vivent dans presque toutes les parties du globe, des pôles à l'équateur.

Dauphin

Corps longiligne adapté à la vie aquatique

❶ LES CÉTACÉS

Baleines, marsouins et dauphins sont des cétacés, des mammifères qui passent toute leur vie dans l'eau. Leur corps dépourvu de poils est propulsé par une puissante nageoire caudale et dirigé par des ailerons antérieurs. La baleine bleue est le plus gros animal de tous les temps.

❷ LES CARNIVORES

Chasseurs et charognards, ces mammifères se nourrissent surtout de viande. Ils comprennent le tigre et autres félins, le loup, le renard, la loutre et l'ours. La plupart se déplacent rapidement, localisent leurs proies grâce à leurs sens aiguisés (vue, odorat et ouïe) et possèdent des dents acérées pour saisir et couper la viande.

Tigre

❸ LES MARSUPIAUX

Ces mammifères à poche vivant en Australasie et dans les Amériques comprennent le kangourou, le koala et l'opossum. La femelle met au monde un minuscule petit immature, qui achève son développement dans la poche de sa mère.

Kangourou

❹ LES ONGULÉS À DOIGTS IMPAIRS

Les ongulés marchent sur la pointe de leurs doigts, qui sont recouverts d'un sabot. Possédant un ou trois doigts, les ongulés à doigts impairs comprennent le rhinocéros, le cheval, le zèbre et le tapir. Tous herbivores, ils vivent pour beaucoup en plaine.

❺ LES LAGOMORPHES

Le lapin et le lièvre sont des lagomorphes. Ils vivent dans des terriers et mangent de l'herbe, des pousses et des écorces. Leurs grandes oreilles sont très sensibles et leurs yeux protubérants leur donnent une vision à 360 degrés. À la première alerte, ils s'enfuient grâce à leurs longues pattes postérieures.

Bébé rhinocéros

Rat

Sabots en kératine, la matière des cheveux et des ongles humains

Longues jambes et pattes arrière pour sauter à grande vitesse sur de longues distances

Lapin

Éléphant d'Afrique

Chauve-souris frugivore

Aile formée de longs os reliés par une membrane

❻ LA CHAUVE-SOURIS

Seul mammifère volant, la chauve-souris est généralement nocturne. La plupart sont de petits insectivores, comme la kitti à nez de porc, le plus petit mammifère du monde. Les frugivores se nourrissent de fruits et de nectar, qu'elles repèrent grâce à leurs gros yeux.

❼ L'ÉLÉPHANT

Les trois espèces d'éléphants (deux en Afrique et une en Asie) sont les plus gros animaux terrestres. Animal social, l'éléphant vit en troupe familiale et communique à l'aide de sa trompe, par l'odorat et le toucher.

La trompe est une extension du nez : l'éléphant s'en sert pour porter à sa bouche les plantes dont il se nourrit.

❽ LES ONGULÉS À DOIGTS PAIRS

Ces mammifères à sabots (cerf, chameau, hippopotame, cochon…) ont généralement deux doigts. Herbivores, ils ont de grosses molaires pour broyer la végétation et certains ont un estomac en quatre parties dans lequel des bactéries aident à la digestion des plantes dures.

❾ LES PRIMATES

Ce groupe comprend les singes, les lémuriens, les galagos et l'homme. La plupart vivent en groupes sociaux dans les forêts tropicales et subtropicales. Ce sont de bons grimpeurs aux longs membres souples, aux doigts préhensiles, aux yeux tournés vers l'avant et au gros cerveau comparé à leur taille corporelle.

❿ LES MONOTRÈMES

L'échidné et l'ornithorynque d'Australasie sont des monotrèmes, seuls mammifères pondant des œufs. Après l'éclosion, les petits se nourrissent du lait maternel. Bon nageur, l'ornithorynque trouve ses proies dans les cours d'eau et les lacs. L'échidné mange surtout des fourmis et des termites.

Biche

⓫ LES INSECTIVORES

Petits animaux solitaires et nocturnes, les insectivores sont des mammifères aux dents acérées qui se servent de leurs sens de l'odorat et du toucher pour trouver leur nourriture. Ils incluent la musaraigne, le hérisson et la taupe, cette dernière étant adaptée à la vie souterraine.

⓬ LES RONGEURS

Avec plus de 2 000 espèces, les rongeurs (souris, rat, écureuil, castor, porc-épic…) sont le plus grand groupe de mammifères et vivent sur tout le globe sauf l'Antarctique. Pour mastiquer les aliments durs, ils ont deux paires d'incisives qui ne s'usent pas, car elles poussent sans cesse.

Babouin

Taupe

Échidné

Les oiseaux

Grâce à leur capacité à voler, les oiseaux occupent un vaste éventail d'habitats, dont les falaises, la canopée des forêts pluviales et les flancs des montagnes. Leur corps allongé et léger comporte des ailes couvertes de plumes isolantes. Leur bec sans dents varie en forme et en taille selon le régime alimentaire et le mode d'alimentation de l'animal. Comptant près de 10 000 espèces, les oiseaux sont répartis en 29 ordres.

▲ **LE PIC**
Grâce à son puissant bec, le pic creuse les troncs d'arbres pour y chercher sa nourriture. Le toucan et le pivert font partie de cet ordre d'oiseaux.

▲ **LE TROGON**
Vivant dans les forêts tropicales du monde entier, le trogon au plumage très coloré se nourrit surtout d'insectes.

▲ **LE MANCHOT**
Cet oiseau marin qui ne vole pas se sert de ses ailes comme d'ailerons pour se propulser dans l'eau à la poursuite de poissons et de calmars.

▲ **LE KIWI**
L'autruche – le plus gros oiseau –, l'émeu et le kiwi ne volent pas. Avec le temps, ils ont perdu leur aptitude au vol et s'enfuient en courant pour échapper à leurs prédateurs.

▲ **LE TINAMOU**
Cet oiseau des prairies d'Amérique du Sud possède un bon camouflage et de petites ailes. Il vole et court vite.

▲ **LE COLIBRI**
Doté d'un long bec, le colibri multicolore vole sur place devant les fleurs pour en aspirer le nectar. L'hirondelle, sa proche parente, passe sa vie dans les airs et se nourrit d'insectes.

▲ **LE DINDON**
Volant rarement, le dindon est un galliforme, ordre auquel appartiennent aussi le faisan, la pintade et le paon.

▲ **LE GRÈBE**
Le grèbe plonge facilement sa petite tête et son cou fin dans l'eau. Ce puissant nageur vit près des lacs abrités.

▲ **LE CYGNE**
Palmipède comme le canard et l'oie, le cygne est un excellent nageur aux larges pattes palmées.

▲ **LE MARTIN-PÊCHEUR**
À l'affût sur la rive d'un cours d'eau, le martin-pêcheur au bec en forme de poignard plonge dans l'eau lorsqu'il repère un poisson.

▲ **LE PIGEON ET LA COLOMBE**
Le pigeon et la colombe au corps bombé ont une excellente aptitude au vol. Quand ils marchent, leur tête dodeline de haut en bas.

▲ LE PÉLICAN
Cet oiseau du même
ordre que le fou
de Bassan stocke
les poissons qu'il a pêchés
dans la poche de son bec.

▲ LE HÉRON
Le héron aux longues pattes
marche dans les eaux peu
profondes et attrape poissons et
grenouilles avec son long bec.

▲ LA GRIVE
La grive appartient au vaste ordre
des passériformes, qui inclut plus
de la moitié de toutes les espèces
d'oiseaux.

▲ LA GRUE
Plus grand oiseau volant du
monde, la grue aux longues
pattes fait partie du même
ordre que la foulque
macroule et la gallinule.

**▲ LA MOUETTE
ET LE GOÉLAND**
Ce sont des oiseaux marins,
mais d'autres membres du même
ordre restent sur le littoral.

▲ LE PIC
Membre de la famille
du coucou, le pic vit
essentiellement sur la terre
ferme. Il court rapidement
pour saisir ses proies et
échapper à ses prédateurs.

▲ L'ALBATROS
L'albatros migre sur
de longues distances
par-dessus les océans
et retourne chaque
année au même site
de reproduction.

▲ LES RAPACES
L'aigle et autres rapaces sont de formidables
chasseurs, Dotés d'une excellente vision,
ils attrapent leurs proies avec leurs serres
et les dépècent avec leur bec crochu.

**▲ LA CHOUETTE
ET LE HIBOU**
Ces chasseurs nocturnes
repèrent leur proie grâce
à leur ouïe et leur vision
excellentes puis fondent
sur elle.

▲ L'ENGOULEVENT
Cet oiseau à longues ailes et
ses proches parents nichent
dans les arbres ou au sol
pendant le jour et chassent
les insectes entre le
crépuscule et l'aube.

▲ LE FLAMANT
Cet échassier aux longs
cou et pattes vit en
colonie dans les lacs
tropicaux. Pour se nourrir,
il tient son bec renversé
dans l'eau, aspire l'eau
et la filtre pour ne garder
que les aliments.

▲ LE PERROQUET
Cet oiseau des forêts
grimpe et vole très bien.
Il se nourrit de fruits
charnus et de fruits
à coque.

LE HUARD ▲
Le huard au corps longiligne
nage extrêmement bien sous
l'eau mais marche difficilement
sur la terre ferme.

Caméléon
de Jackson

*Le mâle utilise
ses cornes pour
défendre son
territoire.*

Les reptiles

Alligator, cobra, tortue et gecko font partie de ce groupe de
vertébrés. La plupart sont terrestres et tous possèdent une peau
à écailles qui les empêche de se dessécher, même dans le désert.
Beaucoup pondent des œufs et d'autres mettent au monde
des petits déjà formés. Ces animaux ectothermes (à sang froid)
se réchauffent au soleil, puis se rafraîchissent à l'ombre.

Serpent des palétuviers

Alligator américain

*Grâce à ses
ventouses, le gecko
adhère à toutes
les surfaces.*

Gecko
tokay

*Le crocodile agite
latéralement sa robuste
queue aplatie pour se
propulser dans l'eau.*

*Puissantes mâchoires
aux dents acérées pour
retenir les proies*

Crocodile du Nil

Anolis
vert

Dragon de
Komodo

Couleuvre des blés

*Les puissants membres
se terminent par
des griffes acérées.*

*Des organes thermosensibles
détectent la chaleur émise
la nuit par les proies.*

*Les bactéries
toxiques de
la salive
empoisonnent
le sang de
la proie.*

Python royal

Tortue à long cou

Tortue fouisseuse

28

❶ LES CROCODILIENS

Ces féroces prédateurs incluent le crocodile et l'alligator. À l'affût dans les fleuves et les lacs, ils attrapent leurs proies avec leurs puissantes mâchoires aux dents acérées et les noient. Leurs yeux et leurs narines étant situés sur le haut de la tête, ils peuvent voir et respirer en restant sous l'eau.

❷ LE LÉZARD

Plus de la moitié des 8000 espèces de reptiles sont des lézards. Chasseurs agiles et rapides pour la plupart, ils incluent le gecko, le scinque, le caméléon, l'orvet, le dragon de Komodo et le monstre de Gila venimeux.

❸ LES SERPENTS VENIMEUX

Tous les serpents sont carnivores, et un dixième d'entre eux, dont la vipère, le cobra et le serpent à sonnette, paralysent leur proie en lui injectant du venin avec leurs crochets.

❹ LES SERPENTS NON VENIMEUX

Les constricteurs comme l'élaphe des blés et le python n'ont pas de venin mais attrapent leur proie avec leurs dents acérées et s'enroulent autour d'elles pour les étouffer. Puis, comme tous les serpents, ils les avalent entières.

❺ LA TORTUE

Protégée par une carapace dure, la tortue vit soit dans l'eau (douce ou salée), soit sur la terre. Toutes pondent sur la terre, les espèces marines migrant à travers les océans pour la ponte. La tortue n'a pas de dents mais des mâchoires aux bords acérés.

❻ LE TUATARA

Seul survivant d'un groupe ancien lié aux serpents et aux lézards, ce reptile nocturne et fouisseur vit sur des îles au large de la Nouvelle-Zélande. Il peut vivre plus de cent ans.

❼ LES LÉZARDS VERMIFORMES

Ces reptiles vivent dans les régions chaudes. La plupart n'ont pas de membres et tous s'enfouissent en repoussant la terre ou le sable avec leur tête comprimée. Dotés d'yeux simples, ils mangent des insectes et des vers qu'ils trouvent par le toucher.

Gecko volant

La peau des flancs s'étire pour permettre au lézard de planer.

Vipère heurtante

Les taches marron et jaunes camouflent l'animal dans les prairies.

Iguane

La langue bifide «goûte» les particules chimiques de l'air.

Basilic vert

Moloch hérissé

Des épines protectrices recueillent l'eau pendant la nuit.

Monstre de Gila

Scinque

Quand le serpent attaque, il projette ses crochets creux pour injecter son venin.

Python vert arboricole

Serpent à sonnette

Orvet

Le venin éjecté par la bouche peut aveugler un attaquant.

Cobra cracheur rouge

Tuatara

Gecko diurne

Longue langue pour nettoyer ses yeux sans paupières

Lézard vermiforme

29

Les amphibiens

La plupart des amphibiens passent une partie de leur vie sur la terre et l'autre dans l'eau, où ils se reproduisent. La femelle pond des œufs sans coquille qui donnent naissance à des larves, les têtards, qui respirent par des branchies. En devenant adultes, ils développent des poumons et peuvent aussi respirer par la peau. Il existe trois groupes d'amphibiens : les grenouilles et les crapauds, les salamandres et les tritons, et les cécilies.

La membrane séparant ses doigts lui permet de planer entre les arbres.

Grenouille volante

Grenouille goliath

❸

Grenouille dorée du Brésil

La peau souple et sans écailles est humide.

Grenouille cornue d'Asie

Dendrobate

Grenouille -léopard

Le mâle porte un chapelet d'œufs autour de ses pattes arrière.

Crapaud accoucheur

Grenouille européenne

Grenouille-léopard

❷ LE TRITON

Le triton possède un long corps fin et une queue souvent aplatie pour faciliter les mouvements dans l'eau, où les adultes passent la majeure partie de leur vie. À la saison des amours, certains battent de la queue pour attirer leur partenaire.

Têtards de grenouille

❶ LE NECTURE TACHETÉ

Cette salamandre d'Amérique du Nord passe toute sa vie sous l'eau. Contrairement à la plupart de ses congénères, elle conserve ses branchies externes à l'âge adulte. Elle vit dans les cours d'eau et se nourrit de poissons, d'écrevisses et de mollusques.

Le triton remue la queue latéralement pour avancer dans l'eau.

Triton crêté

❷

❶

Necture tacheté

Branchies externes

❸ LA GRENOUILLE

La grenouille possède une grande bouche, des yeux protubérants et un corps compact, sans queue, à la peau souple. Ses puissantes pattes arrière et ses pieds palmés sont adaptés au saut et à la nage. De nombreuses espèces vivent dans les forêts tropicales.

❺ LA SALAMANDRE

Vivant dans les régions douces de l'hémisphère Nord, la salamandre possède une longue queue, un corps fin et quatre pattes d'égale longueur. Certaines vivent dans l'eau mais beaucoup, comme la salamandre tachetée, vivent dans les zones humides de la terre ferme et chassent la nuit.

❺ Salamandre tachetée

Grenouille arboricole à bec de canard

Sa tête à la forme étrange fait un parfait camouflage sur l'écorce des arbres.

Crapaud d'Amérique

Rainette aux yeux rouges

Chaque doigt est muni de ventouses.

Le mâle garde les têtards dans son sac vocal jusqu'à ce qu'ils soient adultes.

Pied-en-bêche de Couch ❻

Grenouille de Darwin

Crapaud à ventre de feu

Ses couleurs vives avertissent les prédateurs qu'il est venimeux.

Mantelle verte

Grenouille de verre

On peut voir son cœur et ses intestins à travers sa peau transparente.

❹ Cécilie

Salamandre sans poumons

Elle respire par la peau

Le grand sac vocal produit des sons pour attirer les partenaires.

Grenouille tungara

❻ LE CRAPAUD

Difficile à distinguer de la grenouille, un crapaud typique a la peau sèche et verruqueuse, et des pattes courtes bien adaptées à la marche. Il préfère la terre ferme, et certains, comme le pied-en-bêche de Couch, vivent dans le désert, où ils s'enfouissent dans le sable pour se protéger de la chaleur.

Minuscules pattes en formation

❹ LES CÉCILIES

Ces amphibiens sans pattes vivent dans les lieux chauds et humides. Certains restent dans l'eau et d'autres fouillent la vase avec leur tête pointue pour repérer des vers de terre et autres proies grâce à leur odorat. Ils attrapent leurs victimes à l'aide de leurs dents acérées.

Branchies externes

Aveugle, le protée vit dans des grottes souterraines sombres et humides.

Protée

Requin-marteau

Poisson-ange empereur

Les rayures vives déroutent les prédateurs.

Hippocampe

Corps couvert de plaques osseuses

Les poissons

Habitant les océans, les lacs ou les rivières, les poissons sont des vertébrés adaptés à la vie aquatique. Leur corps allongé est couvert d'écailles protectrices et leurs nageoires leur permettent de nager et de se diriger. On en compte trois types : les poissons agnathes (sans mâchoires, comme la lamproie…), cartilagineux (requin, raie…) et osseux. Plus vaste et varié des trois groupes, ce dernier inclut presque tous les poissons présentés ici.

Barracuda

Corps couvert d'épaisses et lourdes écailles

5 Cœlacanthe

2 Baudroie

3

4 Rascasse volante

❶ LE REQUIN
Ce prédateur présent dans tous les océans a des sens aiguisés, un corps puissant couvert de denticules (excroissances ressemblant à de petites dents), des nageoires rigides et des dents acérées.

❷ LA BAUDROIE
Une excroissance située sur sa tête attire les proies curieuses près de sa bouche, qui s'ouvre en grand pour avaler le visiteur entier.

❸ LA LAMPROIE
Ce poisson suceur de sang est l'un des quelques survivants du plus ancien groupe de poissons, les agnathes («sans mâchoires»). Sa peau sans écailles est souple et sa bouche est bordée de dents qui lui permettent d'attraper des poissons vivants.

❹ LA RASCASSE VOLANTE
Ce poisson osseux est l'un des plus venimeux de la mer. Ses longues épines empoisonnées paralysent les prédateurs et ses rayures colorées avertissent du danger.

❺ LE CŒLACANTHE
Les muscles de ses nageoires charnues lui permettent de nager ou de «marcher» au fond de l'eau. On le croyait éteint depuis 65 millions d'années, mais il a été redécouvert en 1938.

❻ LA RAIE
Grâce à sa bouche située sur son ventre, la raie mange des animaux vivant au fond de la mer. Pour nager, elle utilise ses nageoires comme des ailes.

Barbillons sensibles servant à localiser la nourriture

7 Esturgeon blanc

9 Anchois

8 Poisson-hachette

Gros yeux dirigés vers le haut qui repèrent les proies passant au-dessus de lui.

Yeux situés au sommet de la tête

6 Raie tachetée

10 Saumon coho

Murène **11**

Mérou

11 LA MURÈNE
Le corps serpentiforme de ce poisson des eaux tropicales peut atteindre 3 m de longueur. La murène se dissimule dans les cavités des rochers et des récifs, puis attaque par surprise les proies passant à proximité, qu'elle attrape avec les dents acérées que compte sa grande bouche.

10 LE SAUMON
Comme plus de 90 % des 25 000 espèces de poissons, le saumon possède un squelette osseux et des nageoires flexibles. Ce carnivore parent de la truite se déplace vite et guette ses proies ou les poursuit sur une courte distance.

9 L'ANCHOIS
Ce poisson argenté vit en vastes bancs et filtre l'eau pour se nourrir de petits organismes. Composés de milliers d'individus, les bancs attirent toutes sortes de prédateurs.

7 L'ESTURGEON
Ce long poisson muni de plaques osseuses et non d'écailles fait partie d'un groupe ancien au squelette en partie cartilagineux et en partie osseux.

8 LE POISSON-HACHETTE
Ce poisson vit dans les eaux moyennes obscures des océans. Les organes bioluminescents de son ventre déroutent les prédateurs.

Les échinodermes

Ces animaux très particuliers ne vivent que dans la mer. Ils ne possèdent pas de tête distincte mais un corps divisé en cinq parties égales organisées autour d'un disque central. Ce corps possède un squelette interne fait de plaques calcaires recouvertes d'une fine peau épineuse. Un système hydraulique interne pompe l'eau vers l'intérieur et l'extérieur de pieds ambulacraires terminés chacun par une ventouse et servant au déplacement de l'animal.

❶ LA MARGUERITE DE MER

Dénué de bras, ce petit échinoderme en forme de disque est bordé d'un cercle d'épines. De structure similaire à celle des autres échinodermes, son corps est divisé en cinq parties. La marguerite de mer se nourrit sans doute de bactéries et de mollusques microscopiques.

❷ LE CRINOÏDE

Comme son proche parent le lis de mer, le crinoïde ressemblant à une plante est relié aux fonds marins par une tige. Certains, toutefois, se détachent à l'âge adulte. Cet animal se nourrit de particules d'aliments que ses bras portent à sa bouche s'ouvrant vers le haut.

❸ LE CONCOMBRE DE MER, OU HOLOTHURIE

Son corps est plus souple que celui des autres échinodermes. Il possède une bouche et un anus. Sa bouche est entourée de tentacules qui filtrent les particules d'aliments. Certaines espèces projettent des filaments gluants par leur anus pour éloigner les prédateurs.

❹ L'OPHIURE

Dotée de longs bras minces reliés à un petit disque central, l'ophiure se déplace en faisant onduler ses bras. Si elle en perd un, il repousse. Cet animal se nourrit de cadavres et de petits animaux ou filtre les particules comestibles de l'eau.

❺ L'ÉTOILE DE MER

L'étoile de mer, ou astérie, possède cinq bras ou plus reliés à un disque central. Charognard et prédateur, elle « marche » au fond de la mer grâce à ses pieds ambulacraires. Pour se nourrir, elle sort son estomac par sa bouche, en entoure l'aliment et le digère.

❻ L'OURSIN

Son corps en forme de globe n'a pas de bras mais un squelette sphérique, le test. Ce test est traversé de pieds ambulacraires et doté d'épines servant à repousser les prédateurs et à se déplacer. L'oursin se déplace lentement sur les rochers et se nourrit d'algues et de petits animaux.

❼ LE DOLLAR DES SABLES

Proche parent de l'oursin, le dollar des sables possède un corps irrégulier, aplati, rigide et couvert de nombreuses petites épines. Sa forme lui permet de s'enfouir dans le sable.

Les crustacés

De la minuscule artémie à la grosse araignée de mer, les 40 000 espèces connues de crustacés sont très variées et vivent dans la mer ou en eau douce. Les crustacés ont un squelette externe dur, l'exosquelette, des membres articulés, deux paires d'antennes sensorielles et des yeux composés. La tête et le thorax sont souvent protégés par une carapace.

LES BRANCHIOPODES ▼

Ces petits crustacés utilisent leurs membres foliacés – en forme de feuille – pour se déplacer, respirer et saisir les particules comestibles. On les rencontre principalement en eau douce, mais l'artémie vit dans les mares et les lacs salés. Cette dernière a un cycle de vie court et pond des œufs qui peuvent éclore des années plus tard.

LES COPÉPODES ▶

Très abondants dans le zooplancton marin, ces minuscules crustacés se rencontrent aussi en eau douce. Ils possèdent un corps transparent en forme de larme, un seul œil composé et de grandes antennes qui, avec les pattes, servent à la locomotion.

Squille, ou crevette-mante

LE CLOPORTE ▶

Seul crustacé terrestre, le cloporte vit dans les lieux humides et sombres comme le bois en décomposition et se nourrit de végétaux morts. Son dos est protégé par des plaques courbes et dures et la femelle porte ses œufs dans une poche spéciale située sous son ventre.

Copépode d'eau douce

Artémie

Cloporte roulé en boule

Cloportes

◀ LA SQUILLE

La squille, ou crevette-mante, est un prédateur qui possède deux paires de pattes. Généralement repliée, la seconde sert à transpercer ou broyer les proies : lorsqu'elle est en embuscade, la squille la projette à grande vitesse pour tuer ou démembrer sa victime.

Écrevisse

LE HOMARD ET L'ÉCREVISSE ▶

Grand crustacé muni d'une carapace dure et d'un long abdomen, le homard sort de sa cachette la nuit et utilise ses grosses pinces pour broyer et découper sa proie. Il marche sur le fond de la mer et peut nager à reculons en utilisant sa queue. L'écrevisse ressemble à une petite langouste et vit dans des cours d'eau douce où elle creuse un terrier dans la vase.

LE CRABE ▶

Le crabe au corps protégé par une carapace dure vit généralement dans la mer, certains préférant l'eau douce et même la terre ferme. La première de ses cinq paires de pattes porte de puissantes pinces servant à attraper et broyer les aliments, à se défendre et même à avertir d'autres crabes. Les huit autres pattes lui permettent de fuir.

Crabe vert

Homard

Araignée de mer

▼ LE KRILL

Semblable à une minuscule crevette, le krill est présent en vastes bancs dans tous les océans. C'est une importante source de nourriture pour les plus gros animaux marins.

Krill

Écrevisse

Crevettes grises

LA CREVETTE ▶

Ce petit animal a un exosquelette presque transparent et très flexible. Il utilise ses pattes pour nager ou marcher au fond de l'eau. En cas de danger, la crevette replie sa queue vers le bas pour s'enfuir à reculons. La plupart mangent presque de tout, dont des miettes d'animaux morts qu'elles attrapent avec leurs minuscules pinces.

LE BERNACLE ▼

Mobile à sa naissance, le bernacle s'établit ensuite en colonies sur les rochers. Entouré de plaques calcaires, le corps de l'adulte s'y fixe soit directement, soit, dans le cas du pouce-pied, par une tige. Pour se nourrir, le bernacle ouvre ses plaques et étire ses longues pattes ciliées pour filtrer l'eau.

Pouce-pied

Les arachnides

Les araignées, les scorpions et autres arachnides sont essentiellement terrestres. La plupart paralysent leur proie avec du venin, puis lui inoculent des enzymes digestives et aspirent le liquide formé. Le corps d'un arachnide se compose de deux parties : le céphalothorax à l'avant et l'abdomen à l'arrière. Le céphalothorax comporte une paire de pièces buccales appelées chélicères, deux pédipalpes en forme de patte ou de pince et quatre paires de pattes pour marcher. Chez l'araignée, l'abdomen contient des glandes produisant de la soie.

❶ LE FAUCHEUX

Souvent pris à tort pour une araignée, le faucheux possède un corps ovale sans « taille ». Avec sa seconde paire de pattes, les plus longues, il cherche son chemin et détecte les proies. Il mange de petits insectes, des plantes, des animaux morts et de la bouse. Certains, en cas de danger, peuvent perdre leurs pattes qui, continuant de remuer, déroutent les prédateurs.

Mygale à croupion rouge du Mexique

Araignée Huntsman

Le céphalothorax, partie avant du corps

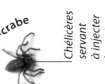

Faucheux

L'abdomen, partie arrière du corps

Araignée-crabe

Chélicères servant à injecter le venin

Agelena

❷ L'ARAIGNÉE

Elle représente plus de la moitié des arachnides. Toutes produisent des fils de soie avec lesquels certaines, comme la néphile, tissent des toiles pour capturer les insectes. D'autres, dont l'araignée sauteuse, traquent leurs proies.

❸ LE SCORPION

Le scorpion des régions chaudes chasse la nuit et repère ses proies grâce à des capteurs de vibrations. Il tient ses victimes avec ses pédipalpes en forme de pince et en arrache de petits morceaux à l'aide de ses chélicères acérés.

❼ L'ARAIGNÉE-FOUET

Doté d'un corps large et plat, cet arachnide tropical se déplace latéralement, cherche les insectes avec ses premières pattes longues et fines, puis les attrape avec ses pédipalpes en pinces. Cet animal nocturne se cache le jour sous des pierres, dans des tas de feuilles mortes ou dans des grottes.

Araignée cavernicole

❽ LA MITE ET LA TIQUE

Plus petits des arachnides, certaines étant à peine visibles à l'œil nu, la mite et la tique ont un corps rond. Les mites sont présentes par millions dans le sol et l'eau, et peuvent parasiter plantes et animaux. Les tiques se nourrissent du sang de mammifères et d'oiseaux. Elles pénètrent dans la peau avec leurs pièces buccales dentelées, enflent en aspirant le sang, puis se dégonflent.

❹ LE PSEUDOSCORPION

Semblable à un mini-scorpion, il n'a ni queue ni dard. Ses pédipalpes contiennent des glandes à venin servant à paralyser insectes et autres petites proies. Le pseudoscorpion cherche sa nourriture dans le sol et les tas de feuilles et sous les bûches et les rochers.

❺ LE SOLIFUGE

Cet arachnide rapide vit dans les déserts. Il repère sa proie avec ses longs pédipalpes sensibles munis de ventouses, qui la tiennent pendant qu'il la tue et la mastique avec ses chélicères.

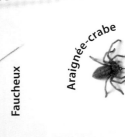

Néphile

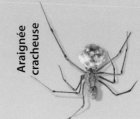

Araignée cracheuse

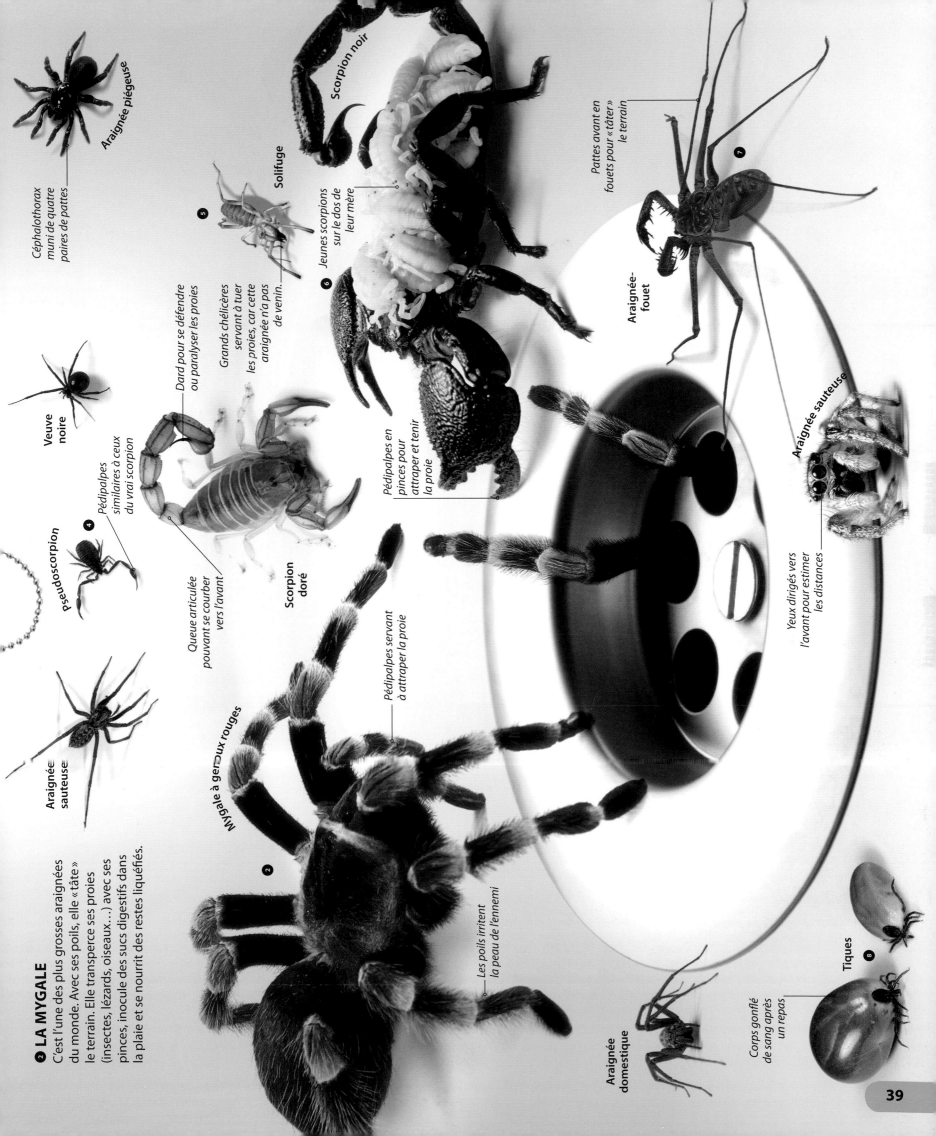

Araignée piégeuse

Céphalothorax muni de quatre paires de pattes

Veuve noire

Pseudoscorpion

4

Pédipalpes similaires à ceux du vrai scorpion

Dard pour se défendre ou paralyser les proies

5 Solifuge

Scorpion noir

Jeunes scorpions sur le dos de leur mère.

Grands chélicères servant à tuer les proies, car cette araignée n'a pas de venin.

6

Pattes avant en fouets pour « tâter » le terrain

7

Araignée-fouet

Scorpion doré

Queue articulée pouvant se courber vers l'avant

Pédipalpes en pinces pour attraper et tenir la proie

Araignée sauteuse

Yeux dirigés vers l'avant pour estimer les distances

Araignée sauteuse

🕷 LA MYGALE

C'est l'une des plus grosses araignées du monde. Avec ses poils, elle « tâte » le terrain. Elle transperce ses proies (insectes, lézards, oiseaux…) avec ses pinces, inocule des sucs digestifs dans la plaie et se nourrit des restes liquéfiés.

Mygale à genoux rouges

2

Pédipalpes servant à attraper la proie

Les poils irritent la peau de l'ennemi

Araignée domestique

Tiques

8

Corps gonflé de sang après un repas

Les insectes

De l'abeille au papillon, les insectes sont le groupe d'animaux le plus répandu sur Terre. Plus d'un million d'espèces ont été recensées, et des dizaines de millions restent encore à découvrir. Le corps d'un insecte se compose de trois parties : la tête possède deux yeux composés et une paire d'antennes, le thorax trois paires de pattes et, souvent, deux paires d'ailes, et l'abdomen contient les organes reproducteurs. On trouve des insectes partout, sauf dans les océans.

▲ LA LIBELLULE

Ce prédateur rapide vole extrêmement bien en battant alternativement des ailes avant et arrière. Dotée de gros yeux, la libellule utilise son excellente vision pour repérer ses proies (mouches, etc.), puis les attaque par surprise.

L'æschne bleue au corps mince a de longues et fines ailes.

Æschne bleue

▲ LA SAUTERELLE ET LE CRIQUET

Malgré leurs grandes ailes, ces deux insectes préfèrent sauter grâce à leurs longues pattes arrière pour échapper au danger. Munis de mandibules masticatrices, la sauterelle est herbivore et le criquet omnivore.

Criquet pèlerin

Pour attirer les femelles, le mâle «chante» en frottant ses pattes arrière contre ses ailes.

Corps aplati lui permettant d'entrer dans les moindres fissures.

Blattes américaines

LA BLATTE ▲

Très sensible aux vibrations, cet insecte surtout nocturne se met à l'abri en cas de danger. Très répandu dans les régions tropicales et subtropicales, c'est généralement un charognard, mais certaines espèces envahissent nos maisons à la recherche de nourriture.

Mante religieuse

LES MANTIDES ▲

La plus connue est la mante religieuse, ainsi nommée, car elle joint ses pattes avant comme pour prier. Prédateur solitaire, la mante a une tête triangulaire, de gros yeux et un corps facile à camoufler dans les feuilles des arbres. Elle reste immobile en attendant qu'une proie passe à portée, puis lance ses pattes avant épineuses pour l'attraper.

Bourdon terrestre

Ampulex compressa

LA GUÊPE, L'ABEILLE ET LA FOURMI ▲

Ces insectes ont une «taille fine» entre le thorax et l'abdomen, et la femelle possède un dard. Beaucoup vivent en vastes colonies organisées et jouent un rôle important dans la pollinisation des fleurs.

Fourmis parasols

Deux longues antennes

Guêpe ichneumon

Guêpe-coucou

Magnan

Ailes chez le mâle seulement

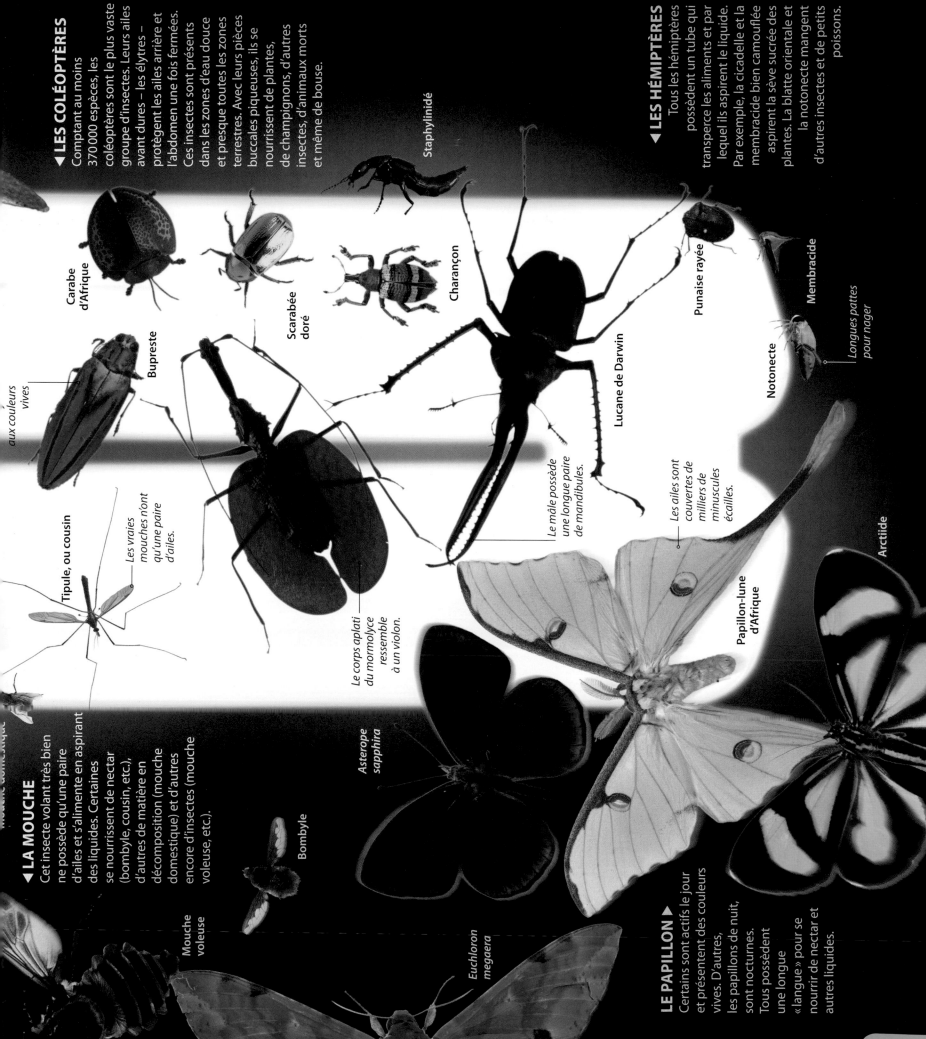

▼ LES COLÉOPTÈRES

Comptant au moins 370000 espèces, les coléoptères sont le plus vaste groupe d'insectes. Leurs ailes avant dures – les élytres – protègent les ailes arrière et l'abdomen une fois fermées. Ces insectes sont présents dans les zones d'eau douce et presque toutes les zones terrestres. Avec leurs pièces buccales piqueuses, ils se nourrissent de plantes, de champignons, d'autres insectes, d'animaux morts et même de bouse.

Staphylinidé

Carabe d'Afrique

Scarabée doré

Charançon

Bupreste

aux couleurs vives

▼ LES HÉMIPTÈRES

Tous les hémiptères possèdent un tube qui transperce les aliments et par lequel ils aspirent le liquide. Par exemple, la cicadelle et la membracide bien camouflée aspirent la sève sucrée des plantes. La blatte orientale et la notonecte mangent d'autres insectes et de petits poissons.

Punaise rayée

Membracide

Longues pattes pour nager

Notonecte

Lucane de Darwin

Le mâle possède une longue paire de mandibules.

Les ailes sont couvertes de milliers de minuscules écailles.

Arctiide

▼ LA MOUCHE

Cet insecte volant très bien ne possède qu'une paire d'ailes et s'alimente en aspirant des liquides. Certaines se nourrissent de nectar (bombyle, cousin, etc.), d'autres de matière en décomposition (mouche domestique) et d'autres encore d'insectes (mouche voleuse, etc.).

Tipule, ou cousin

Les vraies mouches n'ont qu'une paire d'ailes.

Le corps aplati du mormolyce ressemble à un violon.

Mouche voleuse

Bombyle

Asterope sapphira

Papillon-lune d'Afrique

LE PAPILLON ▶

Certains sont actifs le jour et présentent des couleurs vives. D'autres, les papillons de nuit, sont nocturnes. Tous possèdent une longue «langue» pour se nourrir de nectar et autres liquides.

Euchloron megaera

Les mollusques

Ce groupe extrêmement varié comprend plus de 100 000 espèces, de la limace à l'huître perlière, en passant par le calmar géant. Malgré leurs différences, la plupart ont des traits communs. Tous possèdent un corps mou, souvent protégé par une coquille calcaire, et se nourrissent à l'aide d'une langue dure, la radula. Ils ont un pied musclé pour se déplacer et respirent par des ouïes. La plupart, dont l'escargot et la limace, sont des gastéropodes.

LES CÉPHALOPODES ▼

La pieuvre, le calmar, le nautile, la seiche et autres céphalopodes sont des mollusques intelligents. Ils ont une grosse tête et une bouche entourée de bras, ou tentacules, leur servant à se déplacer et à capturer poissons et crabes. La bouche est munie d'un bec corné et d'une radula dentelée qui leur permet d'attraper les aliments. Grâce à un système de propulsion, les céphalopodes peuvent se déplacer vite.

Calmar

Ses gros yeux lui donnent une très bonne vue.

La coquille contient des loges servant de flotteurs.

Nautile

Bénitier géant

Pieuvre

Ventouses servant à attraper les proies

▼ **LE CHITON**

La coquille plate de cet habitant des côtes rocheuses est faite de huit plaques se chevauchant. À marée basse, le chiton se fixe à un rocher et, s'il en est arraché, se roule en boule. À marée haute, il rampe à l'aide de son pied musculeux et se nourrit d'algues et autres petits organismes qu'il détache des rochers à l'aide de sa radula.

Moules

Chiton

Peigne de Vénus

Cône textile

Les valves s'ouvrent pour aspirer les courants.

Conus pertusus

LES BIVALVES ▶

Présents en eau douce et salée, les bivalves incluent les clams et les moules. Leur coquille se compose de deux valves reliées par une charnière. Ils respirent en aspirant l'eau par leurs branchies pour en extraire l'oxygène et filtrent cette eau pour en récolter les particules de nourriture.

La radula empoisonnée paralyse les proies.

Les couleurs vives préviennent les prédateurs que la limace de mer est venimeuse.

Limaces de mer

Northia pristis

Buccin japonais

Sa coquille spiralée protège son corps mou.

Patelle

LES SCAPHOPODES ▼

Ces mollusques dont la coquille ressemble à une défense d'éléphant vivent enfouis dans le sable des fonds marins. La petite tête sans yeux qui sort du grand orifice de la coquille est entourée de petits tentacules qui balaient le sable à la recherche de petites particules et les introduisent dans la bouche.

LES GASTÉROPODES ▼

La plupart des gastéropodes vivent dans la mer. Ils possèdent une tête munie d'yeux et de tentacules, un pied musculeux qui leur permet de ramper et, hormis la limace, une coquille externe souvent spiralée. Ils sont généralement carnivores (bulot, murex, limace de mer…), la patelle, en forme de chapeau chinois, étant herbivore.

Les vers

Le terme « ver » désigne généralement les invertébrés au long corps mou dépourvu de pattes. Les vers se rencontrent dans de multiples habitats : sol, forêts tropicales, lacs, cours d'eau et mer. Les vers plats, ou platodes, en forme de ruban sont les plus simples. Les vers annelés, ou annélides, ont un corps divisé en segments. Parmi les autres groupes, figurent les siponcles et les onychophores.

▼ LA SANGSUE

Le corps aplati de cet annélide présente une ventouse à chaque extrémité. La plupart vivent en eau douce et savent nager. Hors de l'eau, elles se déplacent en fixant leurs ventouses et en s'arquant pour onduler. 75 % des sangsues se nourrissent de sang. Les autres mangent surtout d'autres invertébrés.

La plupart des segments ont de minuscules soies.

▼ LE SIPONCLE

Ce ver des mers peu profondes possède une partie avant mince dotée d'une bouche à tentacules et une partie arrière bombée. En cas de menace, il rétracte la première dans la seconde, ce qui lui donne une forme de coque d'arachide. Ce ver se nourrit en filtrant des particules dans le sable avec ses tentacules.

L'ONYCHOPHORE ▼

Habitant des forêts tropicales, l'onychophore vermiforme a jusqu'à 43 paires de pattes courtes aux « pieds » griffus. La tête possède des antennes sensorielles, des mandibules et des glandes qui sécrètent un mucus paralysant les proies.

Corps enrobé de mucus gluant

▼ LA PLANAIRE TERRESTRE

Ce type de ver plat vit dans les milieux à la fois chauds et humides. Il glisse sur le sol ou les feuilles sur un fin film de mucus gluant. La planaire terrestre se nourrit d'autres vers, de limaces et de larves d'insectes qu'elle introduit dans sa bouche située au milieu de sa face inférieure.

LE POLYCLADE ▶

Ce ver plat marin de forme ovale présente souvent des couleurs vives, surtout ceux qui vivent dans les récifs coralliens. Ces couleurs avertissent les prédateurs de son mauvais goût. La plupart des polyclades sont des prédateurs qui mangent de petits invertébrés.

Il se déplace en faisant onduler les bords de son corps.

LA SABELLE ▶

Ce ver cilié (type d'annélide) vit fixé au fond de la mer dans un tube qu'il construit avec du mucus et des grains de sable. La « couronne » de filaments ciliés qui encercle sa bouche attrape les particules d'aliments à la dérive. En cas de danger, il replie sa couronne et se rétracte dans son tube.

LE VER DE TERRE ▲

Le ver de terre au corps arrondi creuse le sol en changeant de forme. Sa partie avant s'allonge, ses minuscules soies s'accrochent au trou et la partie arrière suit. Cet annélide mange de la terre et digère les matières végétales en décomposition qu'elle contient.

LE VER DE FEU BARBU ▼

Comme de nombreux vers ciliés, le ver de feu barbu se déplace à l'aide des lobes garnis de soies de ses flancs. Ses soies sont dotées d'un poison paralysant. Ce ver vit dans les récifs et se nourrit de corail, d'anémones et de petits crustacés.

Chaque segment porte une paire de lobes ciliés.

Les tentacules sont des colonies de minuscules animaux.

Physalie, ou galère portugaise

③

Ortie de mer, ou actinie

④

Béroé

①

Les tentacules peuvent infliger des piqûres mortelles.

Méduse-boîte

Éponges, méduses et coraux

Certains membres les plus simples du règne animal appartiennent à trois phylums : les spongiaires, les cnidaires et les cténaires. Les spongiaires sont les éponges, animaux filtrant leurs aliments dans l'eau. Les cnidaires comprennent les hydrozoaires, les méduses, les coraux et les anémones de mer. Tous ont des tentacules urticants qui saisissent et paralysent les proies. Les cténaires, ou cténophores, sont apparentés aux cnidaires.

❶ LES CTÉNAIRES

Délicats et presque transparents, les cténaires nagent dans le plancton océanique. Ils se déplacent à l'aide de huit rangées verticales de cils vibratiles, ou peignes. La plupart saisissent leurs proies avec deux tentacules gluants, mais le béroé les avale entières par la bouche.

❷ L'ÉPONGE

Plus simple de tous les animaux, l'éponge ne ressemble à aucun autre. La plupart se fixent au fond de la mer et grandissent de façon asymétrique. Leur « squelette » fait de minuscules spicules est parsemé de pores qui aspirent l'eau, les particules d'aliments étant ensuite filtrées et digérées.

❸ LES HYDROZOAIRES

Ce groupe de cnidaires extrêmement varié va d'animaux ressemblant à de minuscules anémones de mer à l'extraordinaire physalie. Cette dernière se compose d'une colonie d'animaux : une partie forme le ballon de gaz qui permet à l'ensemble de flotter et de dériver, et le reste forme les tentacules.

❹ LA MÉDUSE

Le corps en forme de cloche de la méduse (classe des scyphozoaires) est rempli d'une substance gélatineuse et muni de tentacules urticants. Cet animal progresse en contractant son corps pour chasser l'eau se trouvant sous lui, ce qui le propulse dans la direction opposée. Les piqûres de méduse-boîte peuvent tuer un homme.

❺ L'ANÉMONE DE MER

Malgré sa ressemblance avec une plante, l'anémone de mer est un prédateur qui mange de petits animaux. Son sommet est occupé par une bouche centrale entourée de tentacules urticants et sa base est fixée à un rocher. En cas de danger, de nombreuses anémones expulsent rapidement l'eau qu'elles contiennent et rétrécissent de façon spectaculaire.

Éponge tubulaire jaune

Orifice par lequel l'eau sort

Éponge de mer

②

L'eau entre par de minuscules pores.

⑤

Les tentacules urticants capturent la proie, puis la portent à la bouche, au centre.

❻ LE CORAIL

Semblable à de minuscules anémones de mer, le corail vit en vastes colonies dans les eaux tropicales claires et peu profondes. Il construit des «loges» de carbonate de calcium dans lesquelles il peut se rétracter. Avec le temps, les nombreuses loges forment d'énormes récifs coralliens où viennent s'établir toutes sortes d'animaux marins.

Anémone verte géante

Anémone tapis

Les animaux disparus

Les premiers animaux sont apparus sur Terre voici 700 millions d'années. Depuis, de nombreuses espèces ont évolué ou se sont développées petit à petit au fil des générations. L'extinction (fin d'une espèce) est un processus naturel, même si elle résulte de changements catastrophiques qui ont fait disparaître des groupes entiers d'animaux. Voici quelques exemples de l'histoire de la vie animale.

IL Y A 520 MILLIONS D'ANNÉES

Anomalocaride

Opabinia avait cinq yeux.

Opabinia

IL Y A 370 MILLIONS D'ANNÉES

Dunkleosteus

Plaques osseuses protégeant la tête de Dunkleosteus

Grâce à son corps longiligne, Cladoselache se déplaçait vite dans l'eau.

Cladoselache

IL Y A 265 MILLIONS D'ANNÉES

Libellule

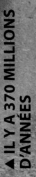

▲ **IL Y A 520 MILLIONS D'ANNÉES**
Époque de prolifération des invertébrés dans les océans chauds, en nombre et en types. Prédateur long de 60 cm, l'anomalocaride nageait à l'aide de deux lobes natatoires. *Opabinia* attrapait ses proies avec son long proboscide.

▼ **IL Y A 265 MILLIONS D'ANNÉES**
Dans les forêts de conifères des régions chaudes et sèches, les reptiles dominaient la vie terrestre. Prédateur géant, le dimétrodon portait sur le dos une sorte de « voile » lui permettant de se réchauffer ou de se rafraîchir plus rapidement. Dans les airs, les principaux prédateurs étaient de grosses libellules.

▲ **IL Y A 370 MILLIONS D'ANNÉES**
Les océans regorgeaient d'animaux, dont de nouveaux types de poissons. Parmi les placodermes (premiers poissons à mâchoires), *Dunkleosteus* était un géant cuirassé qui découpait ses proies avec ses plaques masticatrices tranchantes comme des rasoirs. Quant à *Cladoselache*, l'un des premiers requins, il avalait ses proies entières.

IL Y A 10 000 ANS

Mammouth laineux

Paresseux géant

◄ IL Y A 10 000 ANS
Le mammouth laineux et le paresseux géant étaient les plus gros mammifères de ces deux derniers millions d'années. Tous ont disparu voici environ 10 000 ans en raison des changements climatiques de la fin de la dernière ère glaciaire et de la chasse par les humains.

HISTOIRE RÉCENTE

Dodo

Thylacine

IL Y A 150 MILLIONS D'ANNÉES

Allosaure

Ptérodactyle

La « voile » du dimétrodon l'aidait à contrôler sa température corporelle.

L'allosaure dépeçait ses proies à l'aide de ses dents acérées.

◄ IL Y A 150 MILLIONS D'ANNÉES
À cette époque, le climat était chaud, et les dinosaures dominaient la vie sur Terre. Ils comptaient de féroces et rapides carnivores comme l'allosaure et des herbivores géants. Les reptiles volants tels que le ptérodactyle mangeaient de petits animaux. Les dinosaures se sont éteints voici 65 millions d'années.

HISTOIRE RÉCENTE ▶
Les activités humaines ont accéléré l'extinction d'animaux. Oiseau inapte au vol, le dodo a été découvert sur l'île Maurice en 1598. Mais l'introduction de chats, de rats et autres animaux mangeurs d'œufs par les navigateurs a causé son extinction. En Tasmanie, la colonisation de l'île par l'homme a provoqué la disparition du thylacine dans les années 1930.

Au bord de l'extinction

L'extinction est un phénomène naturel : au fil de millions d'années, certaines espèces disparaissent et d'autres évoluent. Mais, depuis les années 1600, ce processus s'est accéléré du fait des activités humaines. L'Union internationale pour la conservation de la nature a recensé plus de 16 000 espèces menacées d'extinction, dont celles qui figurent ici.

LE TIGRE DE SIBÉRIE ▼

Comme les autres tigres, le tigre de Sibérie est extrêmement menacé. Officiellement protégé, le tigre est braconné pour sa fourrure et diverses parties de son corps employées en médecine traditionnelle chinoise. La déforestation réduit par ailleurs son habitat.

LA PERRUCHE DE L'ÎLE MAURICE ▶

Dans les années 1980, il ne restait que dix perruches sur l'île Maurice : son habitat ne cessait de diminuer, et ses nids étaient attaqués par les rats. Grâce à des mesures de conservation, leur nombre augmente constamment de nos jours.

▲ ATÉLOPE DE ZETEK

De nombreuses espèces de grenouilles diminuent en nombre à cause d'infections par des champignons. Les derniers spécimens d'atélope, cette petite grenouille du Panamá, vivant dans la nature ont été aperçus en 2007 et, depuis, ont été mis en captivité pour se reproduire.

LE CONDOR DE CALIFORNIE ▶

Ce rapace américain a failli disparaître à cause des pièges, de la chasse, d'empoisonnements et de collisions avec des lignes électriques. Emmenés en captivité en 1987, les 22 survivants ont pu s'y reproduire. Aujourd'hui, leur nombre ne cesse d'augmenter.

LE NÉCROPHORE AMÉRICAIN ▶

Autrefois répandu aux États-Unis, ce nécrophore enfouit des carcasses de rongeurs et d'oiseaux pour nourrir ses petits. Il en reste très peu aujourd'hui, sans doute en raison des pesticides et des changements intervenus dans leur habitat.

◄ L'ANTILOPE SAÏGA

Le nombre d'individus a diminué de 90 % depuis les années 1980 : leurs cornes sont utilisées en médecine traditionnelle chinoise. Il en reste quatre populations distinctes dans les steppes de Russie et d'Asie centrale.

L'ESCARGOT ARBORICOLE D'OAHU ►

L'île hawaïenne d'Oahu abritait jadis 41 espèces d'escargots arboricoles. La perte de leur habitat et leur prédation par l'euglandine les ont fait disparaître. Aujourd'hui, il ne reste que deux espèces à l'état sauvage.

◄ LE GORILLE DE PLAINE DE L'OUEST

L'un de nos plus proches parents, ce gorille des forêts tropicales d'Afrique de l'Ouest a vu son nombre diminuer avec l'augmentation des populations humaines. La déforestation a réduit son habitat, et l'homme l'a chassé pour sa viande. Le virus ebola tue les gorilles autant que les hommes.

▲ TUBASTRAEA FLOREANA

Cette espèce rare de corail vit autour des îles Galápagos. Depuis 1982, son extension a diminué de 80 %. La cause en serait le réchauffement de l'océan Pacifique dû au changement climatique et aux effets d'El Niño, qui modifie les courants océaniques.

LA TORTUE-LUTH ►

Autrefois répandue dans tous les océans, cette tortue affronte différentes menaces. L'homme vole les œufs qu'elle pond dans le sable, et les adultes se prennent dans les filets de pêche ou avalent des sacs en plastique rejetés en mer, qu'elles prennent pour des méduses – leur aliment naturel – et qui obstruent leur système digestif.

FACE À FACE
Cet affrontement entre buffles d'Afrique mâles permet de déterminer qui est le plus fort. Se battre, se nourrir, se défendre et communiquer font partie des compétences que les animaux doivent posséder pour survivre.

Les compétences

La respiration

L'oxygène est indispensable aux animaux, car il apporte à leurs cellules l'énergie dont elles ont besoin. Ce processus, appelé respiration cellulaire, produit du dioxyde de carbone. La manière de « respirer » d'un animal dépend de sa complexité et de son habitat. Le plus souvent, l'oxygène est extrait de l'air ou de l'eau grâce aux poumons ou aux branchies, par exemple, puis est acheminé vers les cellules par le système sanguin.

Sac aérien relié aux poumons

LE PLATODE ▶
Cet animal simple n'a ni appareil respiratoire ni appareil circulatoire. Le ver plat respire par diffusion, les échanges se faisant directement par la peau. Cela est possible parce que son corps est extrêmement fin et qu'il possède une grande surface extérieure pour absorber l'oxygène et recracher le dioxyde de carbone.

LE MOLLUSQUE ▶
La manière dont un mollusque s'oxygène dépend de son type et de son habitat. L'escargot, la limace et la limée des étangs possèdent des poumons. La limace de mer et la palourde respirent dans l'eau par des branchies, tout comme la pieuvre et le calmar.

▼ LE POISSON
Rouges, car très irriguées, les branchies d'un poisson sont situées derrière sa bouche. L'eau est absorbée par la bouche, traverse les branchies et ressort par les ouïes. L'oxygène dissous passe dans le système sanguin et circule dans le corps.

LA LARVE D'AMPHIBIEN ▶
Cette larve, ou têtard de triton – comme les autres jeunes amphibiens – s'oxygène dans l'eau à l'aide de branchies duveteuses externes. Adulte, le triton perd ses branchies et développe des poumons.

Limée des étangs

Têtard de triton

Poisson rouge

Branchies duveteuses externes

Opercule couvrant les branchies

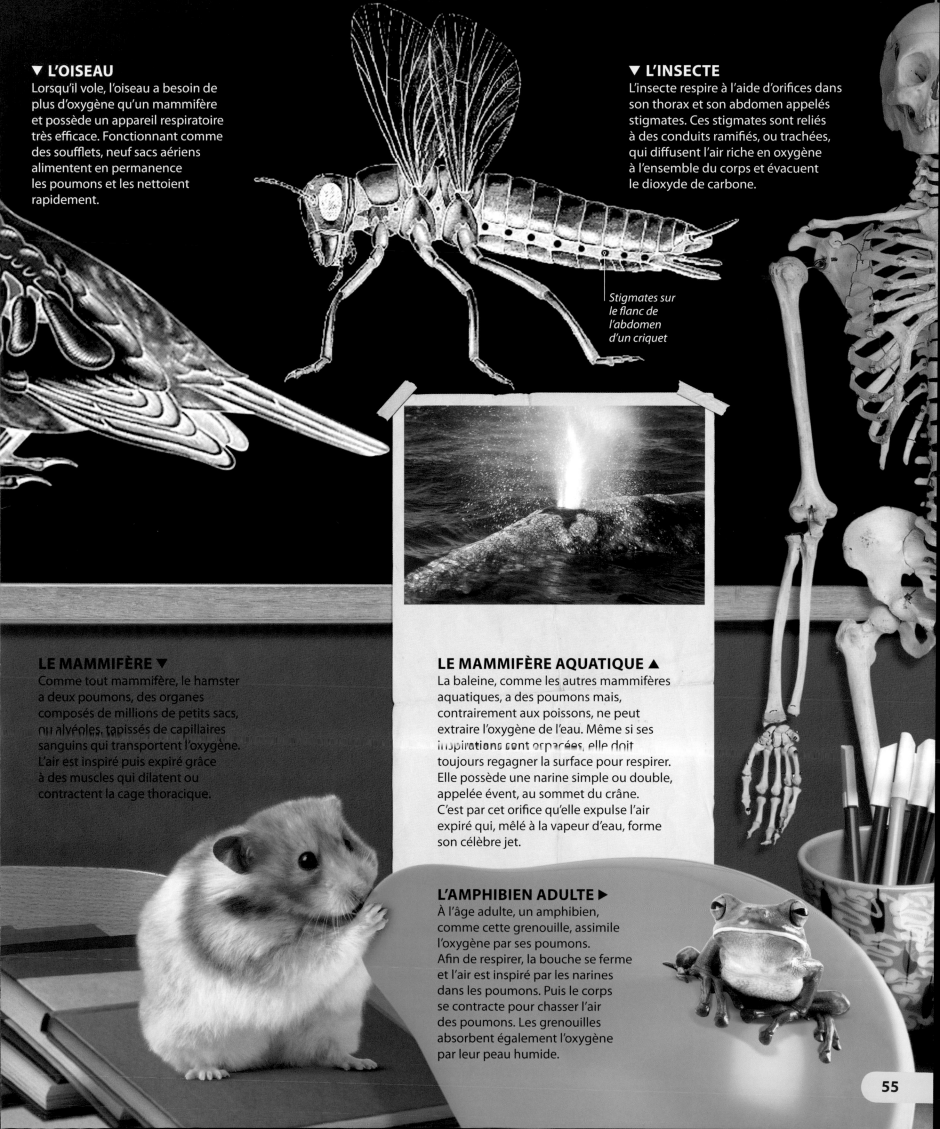

▼ L'OISEAU

Lorsqu'il vole, l'oiseau a besoin de plus d'oxygène qu'un mammifère et possède un appareil respiratoire très efficace. Fonctionnant comme des soufflets, neuf sacs aériens alimentent en permanence les poumons et les nettoient rapidement.

▼ L'INSECTE

L'insecte respire à l'aide d'orifices dans son thorax et son abdomen appelés stigmates. Ces stigmates sont reliés à des conduits ramifiés, ou trachées, qui diffusent l'air riche en oxygène à l'ensemble du corps et évacuent le dioxyde de carbone.

Stigmates sur le flanc de l'abdomen d'un criquet

LE MAMMIFÈRE ▼

Comme tout mammifère, le hamster a deux poumons, des organes composés de millions de petits sacs, ou alvéoles, tapissés de capillaires sanguins qui transportent l'oxygène. L'air est inspiré puis expiré grâce à des muscles qui dilatent ou contractent la cage thoracique.

LE MAMMIFÈRE AQUATIQUE ▲

La baleine, comme les autres mammifères aquatiques, a des poumons mais, contrairement aux poissons, ne peut extraire l'oxygène de l'eau. Même si ses inspirations sont espacées, elle doit toujours regagner la surface pour respirer. Elle possède une narine simple ou double, appelée évent, au sommet du crâne. C'est par cet orifice qu'elle expulse l'air expiré qui, mêlé à la vapeur d'eau, forme son célèbre jet.

L'AMPHIBIEN ADULTE ▶

À l'âge adulte, un amphibien, comme cette grenouille, assimile l'oxygène par ses poumons. Afin de respirer, la bouche se ferme et l'air est inspiré par les narines dans les poumons. Puis le corps se contracte pour chasser l'air des poumons. Les grenouilles absorbent également l'oxygène par leur peau humide.

L'alimentation

Les animaux doivent manger pour survivre. Ils se nourrissent de toutes sortes d'aliments, selon différentes techniques. Ils sont divisés en catégories, herbivores et carnivores par exemple, selon leurs préférences. La nourriture ingérée est ensuite digérée pour que les nutriments essentiels soient libérés. Ces nutriments apportent l'énergie nécessaire au mouvement et les matières premières indispensables pour bien se développer ou se rétablir.

❶ LES CARNIVORES

Ils se nourrissent exclusivement de viande ou de poisson, riches en nutriments. Ce sont des prédateurs qui chassent ou guettent leurs proies. Léopards, serpents, grenouilles-taureaux et pygargues en font partie. La plupart ont de grandes dents et de puissantes mâchoires, ou des becs et des serres acérés.

❷ LES CHAROGNARDS

Cette équipe de nettoyeurs se nourrit de la chair d'animaux morts. Les vautours, par exemple, sont d'excellents charognards : ils utilisent leur bec pointu et recourbé pour découper la peau et la chair et leur langue râpeuse pour arracher la viande des os.

❸ LES INSECTIVORES

Ils se nourrissent d'insectes. Le tamanoir, par exemple, éventre une fourmilière ou une termitière à l'aide de ses puissantes griffes. Il plonge sa longue langue poisseuse dans le nid pour ramasser les milliers d'insectes dont il se nourrit chaque jour.

❽ LES COPROPHAGES

Ils se nourrissent des matières fécales (bouses) d'herbivores tels que les vaches. Les bousiers se servent de leur odorat pour détecter la bouse et en prélèvent un suc nutritif. Ils roulent la bouse en boule et y enterrent leurs œufs, donnant ainsi de quoi manger aux larves récemment écloses.

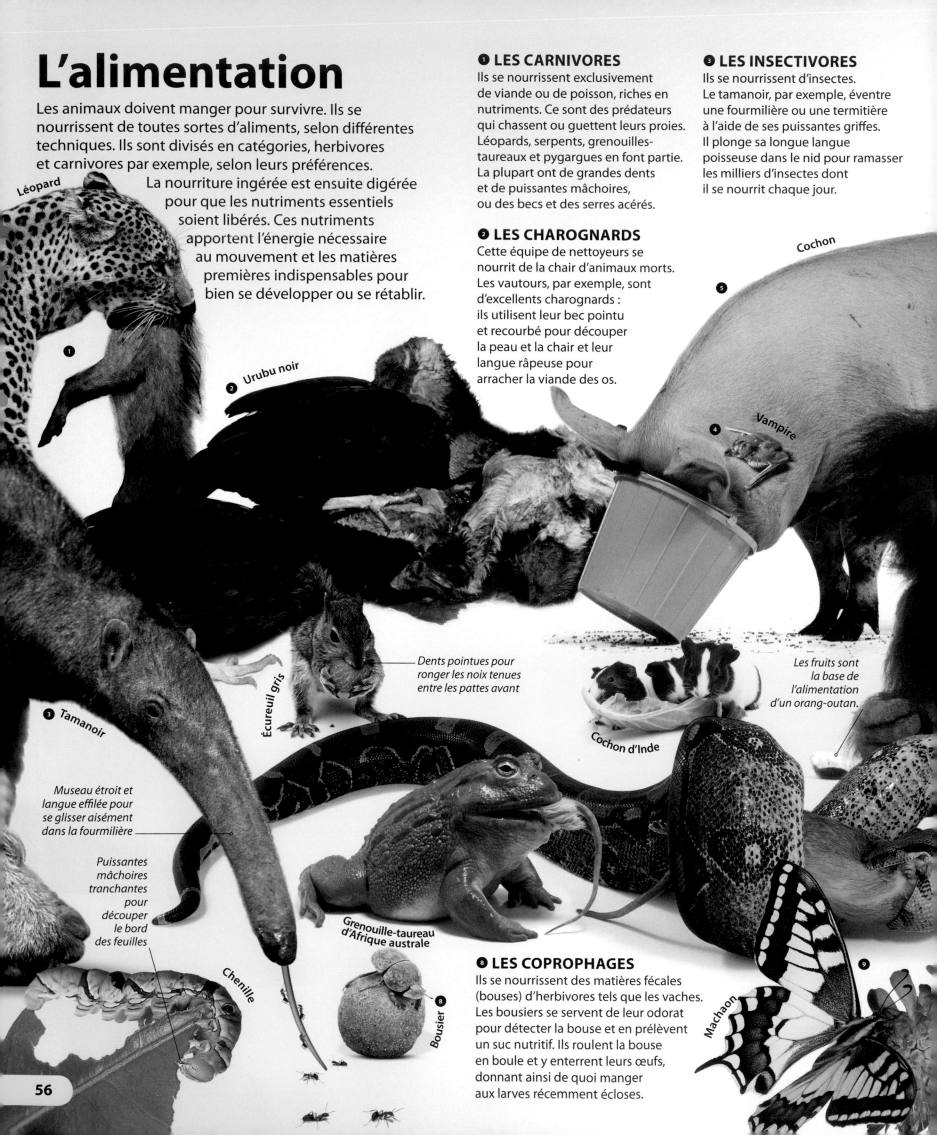

Léopard

❷ Urubu noir

❸ Tamanoir

Écureuil gris

Dents pointues pour ronger les noix tenues entre les pattes avant

Museau étroit et langue effilée pour se glisser aisément dans la fourmilière

Puissantes mâchoires tranchantes pour découper le bord des feuilles

Chenille

Grenouille-taureau d'Afrique australe

Bousier ❽

Cochon

❺

❹ Vampire

Les fruits sont la base de l'alimentation d'un orang-outan.

Cochon d'Inde

Machaon

❾

❹ LES HÉMATOPHAGES

La salive de ces animaux contient une substance empêchant le sang de coaguler. Les moustiques femelles perforent la peau de leur proie puis sucent le sang à l'aide d'une trompe. Grâce à leurs dents très pointues, les vampires, des petites chauves-souris, parviennent à mordre, entre autres animaux, le bétail et à boire son sang.

❺ LES OMNIVORES

Avec une alimentation diversifiée, les omnivores tels que cochons, écureuils et orangs-outans, tendent à être opportunistes. Certains, tels que ratons laveurs et renards, vivant à proximité des hommes, ont ajouté les détritus et les animaux tués à leur régime.

❻ LES FILTREURS

Les filtreurs, des anatifes aux impressionnants cétacés à fanons, vivent dans l'eau. Ils filtrent de minuscules organismes de l'eau à l'aide d'organes ressemblant à des tamis. Les flamants, seuls oiseaux filtreurs, se nourrissent de petits crustacés.

❼ LES HERBIVORES

Pandas, muntjacs, chenilles et tortues sont herbivores; ils ne mangent que des végétaux à l'aide de leurs dents ou de leurs pièces buccales spécialisées. Comme les feuilles et les tiges sont pauvres en éléments nutritifs, ils doivent en consommer de grandes quantités.

Le bambou compose 99 % de l'alimentation de ce plantigrade.

Orang-outan

❻ Flamant

Panda géant

Muntjac

Larges dents plates permettant d'écraser les végétaux

Le serpent étouffe sa proie entre ses anneaux puis l'avale en entier.

Bec tenu à l'envers pour filtrer la nourriture de l'eau

Boa constrictor

Raton laveur

Pygargue

Tortue

Serres acérées idoines pour attraper les poissons

❾ LES SUCEURS

Ils se nourrissent de liquides grâce à des pièces buccales en forme de tube. Pour sucer le nectar des fleurs, le papillon déroule sa longue trompe en spirale. Le puceron perfore les tiges à l'aide de ses pièces buccales pour en sucer la sève sucrée.

Moustique

La locomotion

Avant toute chose ce qui différencie un animal d'un autre organisme vivant, tel que les plantes ou les champignons, c'est sa capacité à se mouvoir. S'il est fixé à un endroit, il bouge quand même ses membres. Il se déplace généralement dans l'air, sur terre ou dans l'eau. Il se meut, selon l'espèce, en nageant, en ondulant, en rampant ou en bondissant.

❶ LE TIGRE

Le tigre, les autres félins et bon nombre de mammifères, se déplacent sur leurs quatre membres. Ces membres supportent le poids du corps et sont mus, de manière coordonnée, par des muscles commandés par le cerveau. Le tigre se sert de sa longue queue pour garder son équilibre lorsqu'il court ou bondit.

❷ LE GECKO À QUEUE PLATE

Ce lézard agile est capable d'escalader des parois verticales, voire de se retrouver à l'envers lorsqu'il chasse des insectes. Cinq larges coussinets, au bout de chacun de ses doigts, sont couverts de millions de protubérances qui assurent une grande adhérence et lui permettent de se déplacer sur des surfaces très lisses.

❸ LA CHENILLE ARPENTEUSE

Cette chenille se déplace en « pont ». Elle prend appui sur ses fausses pattes et avance son thorax. Puis, lorsque le thorax est stabilisé à l'aide des vraies pattes, elle ramène son abdomen et forme un pont. Répétant le mouvement, elle avance peu à peu.

❹ LE CROTALE

La plupart des serpents se déplacent en rampant, ondulant leur corps de droite et de gauche. Dans le désert, ils doivent se mouvoir sur du sable chaud. Afin de toucher aussi peu que possible le sol, certains se propulsent latéralement, jetant leur corps de côté afin d'avancer en diagonale et ne laissant que la marque de leur atterrissage.

❺ LA GRENOUILLE

La grenouille adapte son mode de locomotion à l'environnement. Elle peut marcher mais également sauter, pour échapper à ses ennemis. Ses puissants membres postérieurs la propulsent en l'air et ses pattes avant, plus courtes, amortissent l'atterrissage. Dans l'eau, ses pattes arrière palmées lui sont fort utiles.

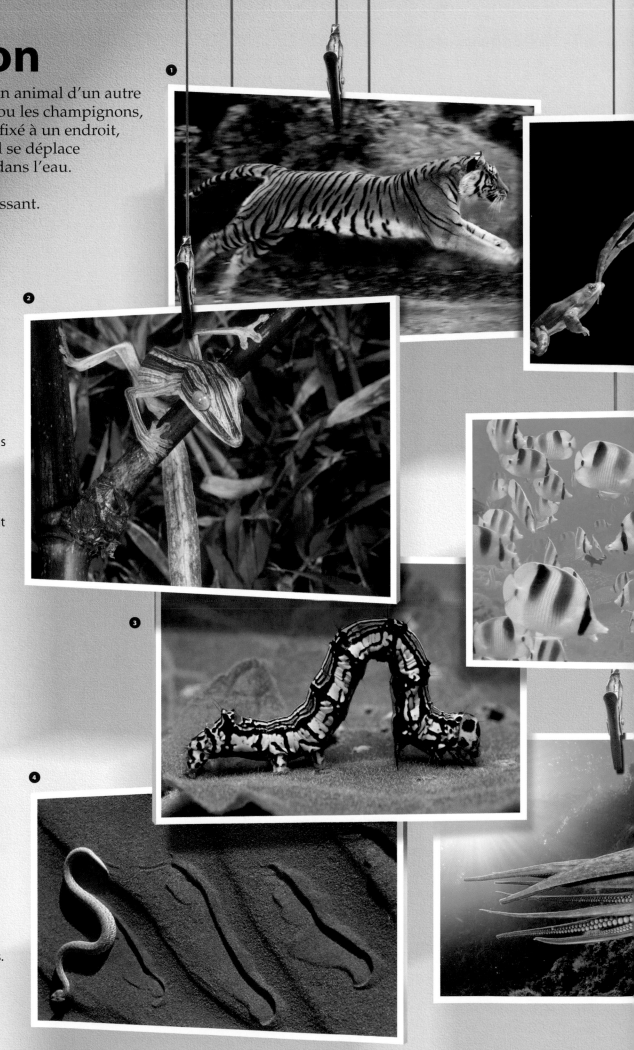

❻ LE POISSON

De part et d'autre de sa grande arête, le poisson possède des muscles qui se contractent pour faire osciller la queue et le faire avancer. Les nageoires stabilisent son corps, l'empêchant de basculer de droite à gauche ou d'avant en arrière, et lui permettent de se diriger.

❼ LA PIEUVRE

La pieuvre utilise ses longs tentacules munis de ventouses pour se tracter sur le fond marin mais peut également nager rapidement, comme le calmar et la seiche. Elle absorbe de l'eau dans son corps puis l'expulse par un siphon en forme d'entonnoir. Cela crée un jet d'eau qui la propulse, tête en avant.

❽ LA MÉSANGE BLEUE

Presque tous les oiseaux volent. Lorsque l'oiseau agite ses ailes de haut en bas, il avance. L'air passant sur la surface convexe des ailes crée l'aspiration qui maintient l'animal en l'air. Les plumes donnent à cette mésange un profil aérodynamique tandis que la queue lui sert de gouvernail.

❾ L'ESCARGOT

L'escargot, comme la limace, n'a qu'un seul pied musculeux sur lequel il glisse. Les muscles du pied, en se contractant et se détendant, créent des ondulations qui le font avancer. Le pied produit également une bave qui facilite le déplacement et protège l'escargot lorsqu'il avance sur le sol ou sur les plantes.

❿ LE GIBBON

Ce singe des forêts tropicales du Sud-Est asiatique est pourvu de longs bras et d'articulations d'épaules et de poignets très souples. Grâce à la souplesse de ses membres, il peut accomplir ce que l'on appelle la brachiation, c'est-à-dire se saisir d'une branche pour s'élancer vers une autre et se déplacer avec agilité et rapidité dans les arbres.

⓫ LA BALEINE À BOSSE

Ce cétacé nage à l'aide de sa queue. Sa nageoire caudale, séparée en deux plans, est horizontale. Actionnée de bas en haut grâce à des muscles, elle propulse la baleine et lui permet d'avancer, de plonger ou de remonter en surface pour respirer. Ses larges nageoires pectorales lui servent à se diriger.

La vitesse

Les espèces du règne animal se déplacent à différentes allures. Leur vitesse respective dépend de nombreux facteurs – taille, forme et masse, milieu dans lequel ils évoluent et mode de locomotion. En général, les gros animaux se déplacent vite, notamment ceux qui vivent dans des habitats ouverts tels que prairies ou océans. Du plus lent au plus rapide, en voici quelques exemples.

0,05 km/h

L'ESCARGOT
Avançant tranquillement sur une pellicule de bave visqueuse, l'escargot n'est pas fait pour la vitesse. Il glisse en contractant son pied unique par vagues successives. En cas de menace, comme il ne peut s'enfuir, il se réfugie en se rétractant dans sa coquille protectrice.

10 km/h

LE BOURDON
Malgré son apparence rondouillarde, cet insecte floricole vole relativement vite. Lorsqu'il fait froid, il bat des ailes pour réchauffer son organisme avant de s'envoler.

35 km/h

LE MANCHOT PAPOU
Avec un corps profilé et lisse, il se déplace aisément dans l'eau, se propulsant à l'aide d'ailes en forme de nageoires. Ce manchot de l'Atlantique Sud est très rapide pour attraper krill et poissons et échapper à ses prédateurs.

5,3 km/h

LA BLATTE
Insecte coureur le plus rapide, la blatte utilise ses longues pattes pour courir se mettre à l'abri. Elle se cache dans le moindre interstice.

40 km/h

LE RHINOCÉROS NOIR
Ce puissant mammifère africain paît dans la savane et n'a aucun prédateur naturel en dehors de l'homme. Néanmoins, il a une piètre vision et peut charger rapidement – et avec agilité – s'il est effrayé par des odeurs ou des bruits inhabituels.

53 km/h

LE REQUIN-TIGRE
Ce féroce requin mange de tout – méduses, phoques, tortues, dauphins et même, rarement, des hommes. Il vit dans les eaux côtières chaudes où il fond sur ses proies, souvent rapides, à une vitesse incroyable. Sa forme est aérodynamique et ses muscles vigoureux font onduler sa queue avec puissance.

LE VOILIER
Possédant de puissants muscles et une queue en forme de faucille, ce poisson est le plus rapide des mers chaudes. Sa nageoire dorsale en forme de voile est normalement abaissée mais se dresse lorsqu'il suit ses proies, des sardines notamment, facilitant leur prise.

110 km/h

88 km/h

L'ANTILOPE D'AMÉRIQUE
Elle est parmi les animaux terrestres les plus rapides. Apparentée aux cervidés, elle vit dans la brousse et la prairie et utilise ses longues pattes pour se déplacer rapidement sur de longues distances.

280 km/h

72 km/h

100 km/h

LE FAUCON PÈLERIN
Ce rapace est l'animal le plus rapide de la planète. Le faucon pèlerin, qui se nourrit d'oiseaux, plane haut dans le ciel puis plonge, ailes partiellement repliées, sur sa proie à une vitesse époustouflante. D'un coup de serres bien porté, il plaque sa proie au sol pour la dévorer ensuite.

L'AUTRUCHE
Cet oiseau coureur est le plus gros et le plus rapide du monde. Dans la savane africaine, l'autruche parcourt de longues distances à une vitesse élevée en quête de nourriture ou bien pour échapper à ses prédateurs. Ses pattes sont longues et puissantes. Elles lui permettent de courir vite mais également d'asséner des coups mortels.

LE GUÉPARD
Sur de courtes distances, ce chasseur diurne est l'animal terrestre le plus rapide. Il se jette sur sa proie dans une accélération incroyable, mais s'arrête au bout de 30 secondes s'il ne parvient pas à la tuer, et ce pour éviter de s'épuiser.

L'entretien

Le monde animal est rude et la concurrence impitoyable. Les animaux doivent donc être au mieux de leur forme pour accroître leurs chances de survie. Ils prennent soin d'eux afin de pouvoir se déplacer plus efficacement, séduire un partenaire et se reproduire, se débarrasser de parasites et ne pas tomber malades. Pour ce faire, ils se toilettent, se lissent poils ou plumes, mangent des aliments particuliers et prennent des bains de boue.

❶ LE TOILETTAGE SOCIAL

De nombreux primates, dont les macaques du Japon, vivent en groupes très unis. Ils se toilettent mutuellement, s'épouillent, peignent et nettoient la fourrure de l'autre à l'aide de leurs ongles et de leurs dents.

❷ LE NETTOYAGE D'INSECTE

Poussières et particules d'aliments peuvent rester accrochées aux membres d'un insecte et le gêner. Ce dernier se nettoie alors grâce à ses pattes et à ses pièces buccales. Cette mante nettoie les piquants de ses membres antérieurs.

❸ L'AUTO-TOILETTAGE

Les félins, comme d'autres mammifères, se toilettent seuls. Un tigre, par exemple, utilise sa langue humide et râpeuse pour nettoyer sa fourrure et en retirer les parasites. Les kangourous se rafraîchissent en s'humectant de salive.

❹ LA PAROI D'ARGILE

Certains habitants des forêts tropicales, oiseaux et mammifères, ingèrent de petites quantités d'argile chaque jour. Il semble que l'argile neutralise le poison des fruits, des noix et des graines dont ils se nourrissent. C'est ainsi que des nuées de perroquets bruyants et colorés se ruent sur des parois d'argile.

Macaque toilettant un autre membre du groupe

Ce perroquet mange de l'argile, riche en minéraux, arrachée d'une paroi.

Le tigre humidifie sa patte pour se nettoyer.

Nettoyage minutieux des piquants des membres antérieurs

Couverte de boue, la peau de l'hippopotame reste fraîche et hydratée.

❺ LE BAIN DE BOUE

L'hippopotame a besoin de bains de boue ou d'eau pour se rafraîchir. La boue protège également sa peau sensible des piqûres d'insectes et autres parasites. Si elle n'est pas régulièrement humidifiée, sa peau s'assèche très vite, peut se craqueler et s'infecter.

❻ LA DOUCHE

Dans la chaleur de la savane africaine, l'éléphant gagne un point d'eau pour s'abreuver et se rafraîchir. Il utilise sa trompe pour aspirer l'eau puis la recrache dans sa bouche ou rejette sa trompe en arrière pour s'asperger. Humide, sa peau épaisse retient la poussière qui le protège des parasites et du soleil.

❼ LE LISSAGE DE PLUMES

Pour un vol aussi performant que possible, l'oiseau lisse ses plumes avec son bec, dont l'extrémité sert de peigne pour aplanir et nettoyer les plumes. Le lissage permet également de répartir un liquide huileux sur les plumes pour les imperméabiliser et déloger les parasites présents sur la peau.

❽ LE BAIN DE FOURMIS

Le geai des chênes fait partie des oiseaux qui utilisent ce type d'entretien. Il se pose sur une fourmilière dans le but d'irriter les fourmis. Elles répandent alors sur ses plumes des substances chimiques, de l'acide formique notamment, qui tuent les parasites hématophages.

Les rémiges sont écartées pour être lissées.

Queue en éventail sur un nid de fourmis

Les sens

À l'aide de récepteurs qui envoient des signaux au cerveau, les sens donnent à l'animal un flux constant d'informations sur son environnement pour, notamment, éviter le danger, trouver de la nourriture, repérer un partenaire, s'orienter et communiquer. Outre la vue, l'ouïe, l'odorat, le goût et le toucher, le requin, excellent chasseur, possède deux sens supplémentaires qui accroissent son efficacité.

La ligne latérale court le long des flancs du requin.

❶ LE TOUCHER
La peau de la plupart des animaux, dont le requin, est parsemée de récepteurs tactiles. Les récepteurs des autres sens sont généralement situés dans des organes spéciaux, comme les yeux. Les récepteurs tactiles du requin détectent les courants marins, les modifications de température et le contact direct avec d'autres animaux.

❷ LES VIBRATIONS
La ligne latérale, un canal rempli de liquide, court sur les flancs du requin, de la tête à la queue. Les récepteurs de cette ligne sont en connexion avec l'eau environnante par les pores de la peau. Détectant les vibrations et changements de pression, le requin a ainsi un sens du toucher «à distance» et peut évaluer l'intensité et la direction des mouvements d'un poisson qui approche.

❸ L'OUÏE ET L'ÉQUILIBRE
Deux petits orifices au sommet du crâne marquent l'entrée de la partie interne de l'oreille du requin. Le son se propage plus vite et plus loin dans l'eau. Le requin repère une proie située à des kilomètres en détectant les basses fréquences qu'elle émet. Les organes de l'équilibre, situés dans l'oreille, l'aident à s'orienter et à garder son assiette.

❷

Position de la ligne latérale lorsqu'elle se prolonge vers la queue.

❹ LA VUE
Les yeux du requin, bien développés, sont plus sensibles que ceux de l'homme. Lorsque la profondeur augmente, la luminosité décroît. Les pupilles se dilatent alors pour laisser entrer plus de lumière. En outre, une couche appelée *tapetum lucidum* tapisse l'œil du requin, y réfléchit la lumière et optimise sa vision.

❺ LE GOÛT
Le requin utilise ce sens pour déterminer si la proie est comestible. De petites cavités dans sa bouche et sa gorge contiennent des récepteurs appelés bourgeons gustatifs. Lorsque le requin mord une proie, ces bourgeons gustatifs détectent les substances présentes dans les tissus. S'il trouve l'animal à son goût, notamment s'il est gras, il le mange.

Ouvertures des oreilles situées au sommet du crâne, juste derrière les yeux

Pour les protéger, le requin roule ses yeux en arrière lorsqu'il attaque.

Les pores marquent l'entrée d'organes qui détectent les signaux électriques.

L'eau passant au travers des narines apporte des odeurs aux récepteurs olfactifs.

Bourgeons gustatifs situés sur la paroi buccale et dans l'œsophage

La peau contient des récepteurs sensibles au toucher, à la température et à la douleur.

❻ L'ODORAT

Lorsqu'un requin nage, l'eau entre dans ses narines et passe sur des récepteurs olfactifs très sensibles. Lorsqu'il détecte une odeur, il nage dans sa direction, bougeant la tête de droite à gauche pour en identifier la localisation exacte.

❼ LES SIGNAUX ÉLECTRIQUES

Lorsqu'un animal se déplace, ses muscles émettent de légères impulsions électriques. Les pores disséminés sur le museau du requin sont reliés à des organes sensoriels capables de détecter ces signaux. Lorsqu'un requin a vu, entendu ou senti une proie et s'en approche, ses détecteurs électriques prennent le relais. Il utilise alors les légers signaux électriques de la proie pour frapper avec précision.

Les yeux de l'araignée-loup, disposés en rangées, lui permettent de chasser efficacement la nuit.

La vision

Pour de nombreux animaux, la vision est le sens le plus important. Ils ont ainsi une image de leur environnement pour s'y déplacer, trouver de la nourriture ou un partenaire, éviter les prédateurs et communiquer. Les animaux voient, car ils possèdent des récepteurs de lumière, généralement abrités dans des organes sensitifs spéciaux appelés yeux. Ces récepteurs transforment la lumière en signaux nerveux, traduits en images par le cerveau. La qualité de la vision varie selon les espèces, de la simple distinction entre lumière et obscurité pour les platodes jusqu'à des images couleurs en relief.

▲ DES YEUX D'ARAIGNÉE

Bien que pourvue de huit yeux simples, l'araignée s'en remet à son sens du toucher pour détecter et piéger ses proies. Toutefois, un chasseur actif comme l'araignée sauteuse ou cette araignée-loup se sert de ses grands yeux frontaux pour attraper sa proie.

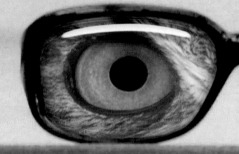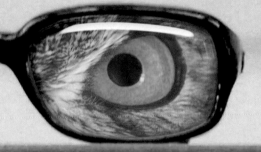

▲ DES YEUX DE CÉPHALOPODE

La pieuvre, comme les autres céphalopodes, a des yeux extrêmement développés. Ils lui permettent de repérer et attraper des proies et d'échapper aux prédateurs. Seule la seiche a d'insolites pupilles en forme de W.

▲ DES YEUX FRONTAUX

Ils permettent aux chasseurs, comme l'aigle, d'évaluer précisément les distances afin de fondre sur une proie en mouvement. Les primates arboricoles, tels que les singes, parviennent à sauter sans danger de branche en branche, grâce à de tels yeux.

▲ DES YEUX PRIMITIFS

Ce sont les yeux les plus simples. Chez les vers plats aquatiques, des yeux primitifs en forme de coupe servent de détecteur de lumière. Les vers fuient en effet la lumière pour l'obscurité rassurante des dessous de roches ou de plantes.

▲ UNE VISION NOCTURNE

Comme bon nombre d'animaux nocturnes, la rainette aux yeux rouges a de grands yeux par rapport à sa taille qui lui permettent de saisir le moindre rayon de lumière : une qualité utile, dans la pénombre des forêts tropicales sud-américaines, pour attraper papillons de nuit, mouches et grillons.

Des sourcils épais protègent l'œil de la poussière et des insectes.

▲ DES YEUX PÉDONCULÉS

Le crabe-fantôme a des yeux composés sur pédoncules, ce qui lui permet d'avoir une vision panoramique de son environnement. S'il décèle un danger, il disparaît instantanément dans le sable. Ce pédoncule oculaire se rétracte en cas de menace.

▲ UNE VISION PANORAMIQUE

Les animaux qui paissent ou broutent – lapins, antilopes et cerfs par exemple – ont de grands yeux de part et d'autre de la tête pour voir devant, de côté et derrière. Grâce à cette vision panoramique, ils peuvent constamment garder un œil sur d'éventuels prédateurs.

▲ DES YEUX INDÉPENDANTS

Le caméléon fait tourner ses yeux indépendamment l'un de l'autre lorsqu'il guette des insectes. Lorsqu'une proie est en vue, les deux yeux s'orientent vers l'avant afin que le caméléon puisse évaluer la distance avec précision et lancer sa langue sur sa victime.

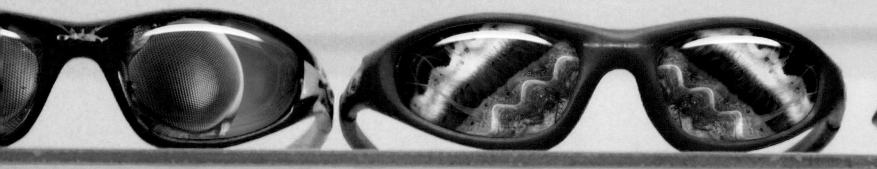

▲ DES YEUX COMPOSÉS

Les crustacés, tels que le crabe, et les insectes, dont la libellule, ont des yeux composés faits d'une multitude de photodétecteurs, pourvus chacun d'une lentille qui fait converger la lumière. Le cerveau reçoit des signaux de tous ces détecteurs pour produire une image « mosaïque ».

▲ DES YEUX MIROIR

Le corps du pétoncle, ou de la moule, est protégé par une coquille bivalve. Lorsqu'elle s'ouvre, deux rangées de petits yeux apparaissent. À l'intérieur de chaque œil, une surface semblable à un miroir réfléchit la lumière sur des récepteurs pour former les images.

▲ DESSUS ET DESSOUS

L'anableps, communément appelé poisson « quatre-yeux », flotte à la surface d'étendues d'eau douce. La partie supérieure de chaque œil est adaptée à la vision dans l'air, afin de voir les insectes à la surface de l'eau. La partie inférieure de l'œil voit sous l'eau.

▲ DES YEUX TRÈS ÉCARTÉS

Les yeux du requin-marteau sont situés aux extrémités de son étrange tête. Très écartés, ils lui permettent d'avoir un champ visuel beaucoup plus large que celui des autres squales, un avantage certain pour la chasse.

Tympan sous le tibia de la patte antérieure

Se nourrir la nuit n'est pas un problème pour une chauve-souris insectivore. Elle émet des sons aigus qui rebondissent sur une proie potentielle, un papillon de nuit par exemple. Ses oreilles très sensibles détectent ces échos, ce qui lui permet de localiser le papillon.

◀ LA SAUTERELLE

Une très bonne ouïe permet à la sauterelle d'entendre les stridulations de partenaires potentiels ou de rivaux. Les sons sont perçus par une fine membrane située sous son tibia.

◀ L'ÉLÉPHANT D'AFRIQUE

L'éléphant communique à l'aide de sons audibles par l'homme. Pour rester en contact avec la troupe, il produit également des sons très graves qui voyagent sur de longues distances. L'éléphant d'Afrique capte les sons avec ses oreilles et, par le sol, avec ses pieds et sa trompe.

LE SERVAL ▼

Ce félin de la savane africaine a de longues pattes qui lui permettent de dominer les herbes hautes et de grands pavillons d'oreille mobiles pour détecter le bruissement des petites proies, des rongeurs notamment. Lorsque la proie est localisée, le serval bondit.

Grandes oreilles déployées pour capter les sons

De grandes oreilles mobiles détectent les proies.

L'ouïe

Qu'elle soit utilisée pour repérer une proie, reconnaître un congénère, écouter les sons émis par un rival ou détecter l'approche d'un prédateur, l'ouïe est un sens vital.

Le son se propage par ondes dans l'air ou l'eau à partir d'une source émettant des vibrations, telles que les cordes vocales d'un éléphant ou les ailes d'un criquet. De nombreux animaux décèlent les ondes sonores à l'aide d'une membrane, le tympan, qui est reliée à des récepteurs auditifs au sein de l'oreille.

◄ LE DAUPHIN

Même s'il voit très bien, ce mammifère marin utilise également l'écholocation. Il émet des cliquetis très aigus, focalisés par un organe graisseux appelé melon. Les sons rebondissent sur les objets et sont captés en retour par la mâchoire basse puis canalisés vers les oreilles. Le cerveau les analyse et fournit au dauphin une image acoustique.

Le front renferme le melon graisseux.

LA CHOUETTE EFFRAIE ▼

Ce chasseur nocturne utilise son excellente ouïe pour détecter les bruissements de proies potentielles. Une collerette de plumes canalise le son vers les entrées des conduits auditifs, asymétriques pour plus de précision.

L'entrée de l'oreille droite est plus haute que celle de gauche.

◄ LA GRENOUILLE-TAUREAU

Sens très important chez les amphibiens, l'ouïe leur permet d'identifier de potentiels rivaux et de détecter des prédateurs. La grenouille-taureau n'a pas d'oreilles externes mais perçoit les sons par de grands tympans situés de part et d'autre de sa tête.

Le tympan est juste derrière l'œil.

◄ LE RAT-KANGOUROU

Sautillant dans le désert américain la nuit, le rat-kangourou écoute le danger. Ses oreilles peuvent amplifier jusqu'à 100 fois un son, lui permettant de détecter un crotale, son principal prédateur.

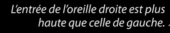

Le goût et l'odorat

La capacité à sentir une odeur ou un goût varie énormément dans le monde animal. Un animal pourvu du sens de l'odorat a des détecteurs qui décèlent les molécules olfactives des objets, ce qui lui permet de se procurer des aliments, de repérer des prédateurs ou de trouver son chemin. Le goût suppose un contact direct avec l'aliment afin que sa saveur et sa qualité soient testées.

❶ LE LYCAON

Comme de nombreux autres canidés, le lycaon est un prédateur à l'odorat très développé. Les canidés utilisent l'odorat pour suivre leur proie sur de longues distances, identifier les membres de la meute et sentir les traces laissées par des congénères pour marquer leur territoire.

❷ LA ROUSSETTE

Si la chauve-souris insectivore dépend uniquement de son ouïe pour détecter des proies, la grande roussette est dotée d'un excellent odorat et d'une très bonne vision qui lui permettent de repérer les fruits. Appelée aussi renard volant, elle vit dans les régions tropicales où les fruits poussent à foison. Certaines se nourrissent de fleurs, de nectar et de pollen qui abondent dans ces régions.

❸ LE KIWI

Endémique de Nouvelle-Zélande, cet oiseau coureur nocturne voit très mal mais, contrairement à la plupart des oiseaux, jouit d'un excellent odorat. Il possède deux narines au bout de son long bec. En quête de nourriture, le kiwi enfouit son bec dans le sol pour sentir les vers, les larves de coléoptères, les mille-pattes et autres petits insectes.

❹ LE TAPIR

Le tapir retrousse ses babines pour dégager l'ouverture de son organe de Jacobson, organe situé dans le palais qui analyse les odeurs. Par cette action, appelée flehmen, il capte les odeurs présentes dans l'air. Une attitude également adoptée par le lion et d'autres mammifères, pour sentir les phéromones (substances chimiques) émises par les femelles.

❺ LE PAPILLON DE NUIT

Les insectes se servent de leurs deux antennes pour sentir, goûter mais également toucher. Certains papillons de nuit mâles ont des antennes duveteuses ultrasensibles aux phéromones des femelles, souvent distantes de centaines de mètres. Lorsqu'ils sentent une odeur, ils en suivent la trace jusqu'à trouver une partenaire potentielle.

❻ LE SINGE
Le macaque du Japon utilise son excellente vision pour repérer les fruits. Puis odorat et goût prennent le relais. Lorsqu'il mord dans le fruit, les détecteurs olfactifs du nez captent les odeurs de la chair et les bourgeons gustatifs de la langue identifient les saveurs – le sucré notamment. L'amertume peut indiquer que le fruit est toxique et ne doit pas être mangé.

❼ LA PIEUVRE
Ce céphalopode chasse essentiellement la nuit. Ses huit tentacules souples et puissants lui permettent de se déplacer et de saisir ses proies, essentiellement des poissons et des crabes. Chaque tentacule est pourvu de multiples ventouses très adhérentes qui lui permettent également de goûter la proie et de vérifier ainsi sa comestibilité.

❽ LE SERPENT
Comme le tapir, le serpent est pourvu d'un organe voméro-nasal, ou de Jacobson, sur son palais, qui détecte les goûts et les odeurs. Il darde sa langue, collecte des molécules odorantes puis passe sa langue sur son organe de Jacobson. Il identifie ainsi les odeurs et localise ses proies ou ses partenaires.

❾ L'URUBU À TÊTE ROUGE
Si les vautours se servent de la vue pour repérer les charognes, l'urubu à tête rouge utilise une autre caractéristique. Rencontré en Amérique du Nord et du Sud, ce vautour se sert de son odorat. Tandis qu'il plane, il détecte les odeurs de cadavres en décomposition au sol, même s'ils sont cachés par d'épais feuillages.

❿ LE POISSON-CHAT
Nommé ainsi pour ses barbillons en forme de moustaches, le poisson-chat voit très mal et vit dans la vase des lacs et des rivières. Tandis qu'il sonde de son museau le lit du cours d'eau, ses barbillons, pourvus de capteurs gustatifs, sentent la proie et déterminent sa comestibilité.

La communication

Les animaux communiquent entre eux de multiples façons. Ils émettent des sons ou des odeurs, utilisent le toucher, la gestuelle ou le langage du corps. Certains clignotent même… La communication est un outil important pour séduire un partenaire, maintenir un groupe social, marquer un territoire ou bien encore alerter les autres qu'une proie, un rival ou un prédateur approchent.

❶ LE CHIMPANZÉ
Le chimpanzé utilise la gestuelle et le langage corporel pour communiquer avec les autres membres de son clan. Mais ce primate intelligent a également recours aux expressions faciales pour exprimer colère, peur, joie, espièglerie ou faim et indiquer son humeur au groupe.

Le chimpanzé grimace à l'approche de membres dominants.

La queue annelée sert de signal visuel.

❷ LA LUCIOLE

Ce coléoptère nocturne communique grâce à la lumière. Un organe situé dans son abdomen produit des étincelles de lumière qui servent à attirer un partenaire. Certaines femelles imitent les clignotements d'autres espèces pour tromper les mâles qu'elles dévorent ensuite.

❸ LE MAKI MOCOCO

Les lémuriens dépendent énormément de l'odorat pour communiquer. Le maki mococo mâle utilise une glande odoriférante située sur ses poignets pour marquer son territoire. Il mène également des combats de puanteur – frottant sa queue contre ses glandes odoriférantes avant de la lever tel un étendard malodorant.

❹ L'ABEILLE

Lorsqu'une butineuse regagne la ruche, elle exécute une « danse » pour indiquer aux autres la direction et la distance des sources de nectar et de pollen. Les autres abeilles utilisent leurs antennes pour détecter, par le toucher, l'odeur du nectar et suivre les déplacements de la butineuse qui vient de rentrer.

❻ LA FOURMI

Lorsque des fourmis se rencontrent, elles se sentent avec leurs antennes. Une façon de vérifier qu'elles appartiennent à la même colonie et de savoir si l'une d'entre elles a découvert une nouvelle source de nourriture. Cette communication leur permet de fonctionner comme une société complexe.

❺ LE FOU DE BASSAN

De nombreux oiseaux utilisent le langage corporel pour parader et, s'ils restent ensemble saison après saison, pour renforcer le lien qui les unit. Les fous de Bassan s'accueillent de façon très spéciale, étirant cou et bec vers le ciel, se tapotant gentiment ou se frottant le bec.

❼ LA RAINETTE ARBORICOLE

Malgré le danger de se faire repérer par un prédateur, de nombreuses grenouilles mâles, dont la rainette arboricole, émettent un fort coassement pour attirer les femelles. Produits par les cordes vocales, ces sons sont amplifiés lors du passage de l'air dans le sac vocal gonflé.

IP 82.184

❽ LE LOUP

Bien que vivant en meute, le loup est souvent solitaire lorsqu'il chasse du petit gibier. Pour garder le contact et s'identifier avec son clan, il hurle. Les hurlements voyagent sur de longues distances et permettent à la meute de se réunir.

La défense

La plupart des animaux sont quasi sous la constante menace d'une attaque de prédateurs en quête de nourriture. Ceux qui possèdent des sens aiguisés et des réactions rapides peuvent courir se cacher. Les autres déploient de multiples stratagèmes – armure, substances chimiques ou leurre – pour se défendre contre des attaquants affamés.

❶ PARAÎTRE PLUS GROS

Poils dressés et dos rond, un chat paraît plus gros pour effrayer l'ennemi. De nombreux animaux utilisent cette méthode. Le lézard à collerette australien déploie sa collerette, ouvre la bouche en émettant un sifflement et bat de la queue pour paraître plus imposant et plus effrayant.

❷ L'ARMURE

De nombreux insectes, crustacés et certains mammifères, tels que les tatous, ont une carapace qui leur garantit une relative protection contre les prédateurs. Certains types de cloportes disposent d'une armure articulée et se roulent en boule pour protéger leur ventre tendre.

❸ LES ÉPINES

Des piquants bien pointus restent très dissuasifs, comme le prouve tout porc-épic. De même, les oursins noirs sont pourvus d'épines mobiles qui rebutent le plus déterminé des prédateurs. Elles injectent également un poison lorsqu'elles pénètrent dans la chair.

❹ L'ATTAQUE CHIMIQUE

Certains animaux, des insectes notamment, fabriquent des substances toxiques ou irritantes qui les rendent non comestibles. D'autres lancent une attaque plus directe, tel le carabe bombardier qui replie son abdomen et projette un mélange chimique brûlant et aveuglant son ennemi.

❺ LA SÉCURITÉ PAR LE NOMBRE

Vivre en groupes – dans un banc de poissons, une harde de gnous ou un troupeau d'oies – facilite la défense. Il est plus difficile pour un prédateur d'attraper un individu au sein d'un groupe qui se déplace et dont les membres peuvent mutuellement se prévenir.

❻ LE RIDEAU DE FUMÉE

Un poulpe menacé va cracher un nuage d'encre brune dans l'eau. Tandis que le prédateur confus attaque les volutes du nuage, le poulpe a le temps de s'échapper. Calmars et seiches utilisent le même moyen de défense.

❼ L'INTIMIDATION

De nombreux papillons présentent des taches, ou ocelles, sur le dessus de leurs ailes qui ressemblent à des yeux. Lorsque le caligo, ou papillon-chouette, ouvre ses ailes, le prédateur voit les « yeux » et recule, pensant que sa proie est imposante et féroce.

❽ FAIRE LE MORT

De nombreux prédateurs ne sont attirés que par des animaux vivants, perdant tout intérêt pour une proie morte. En se tenant immobile, bouche ouverte, cette couleuvre à collier semble morte ; elle reprend vie dès que son agresseur a disparu.

❾ LA MUTILATION RÉFLEXE

S'il se sent menacé, le scinque à queue bleue dispose d'un subterfuge extrême : il perd sa queue. Tandis que cette extrémité continue de se tortiller, le prédateur est distrait, et le scinque peut s'échapper. La queue repousse dans les semaines suivantes.

Le lézard déploie sa collerette afin de paraître plus gros.

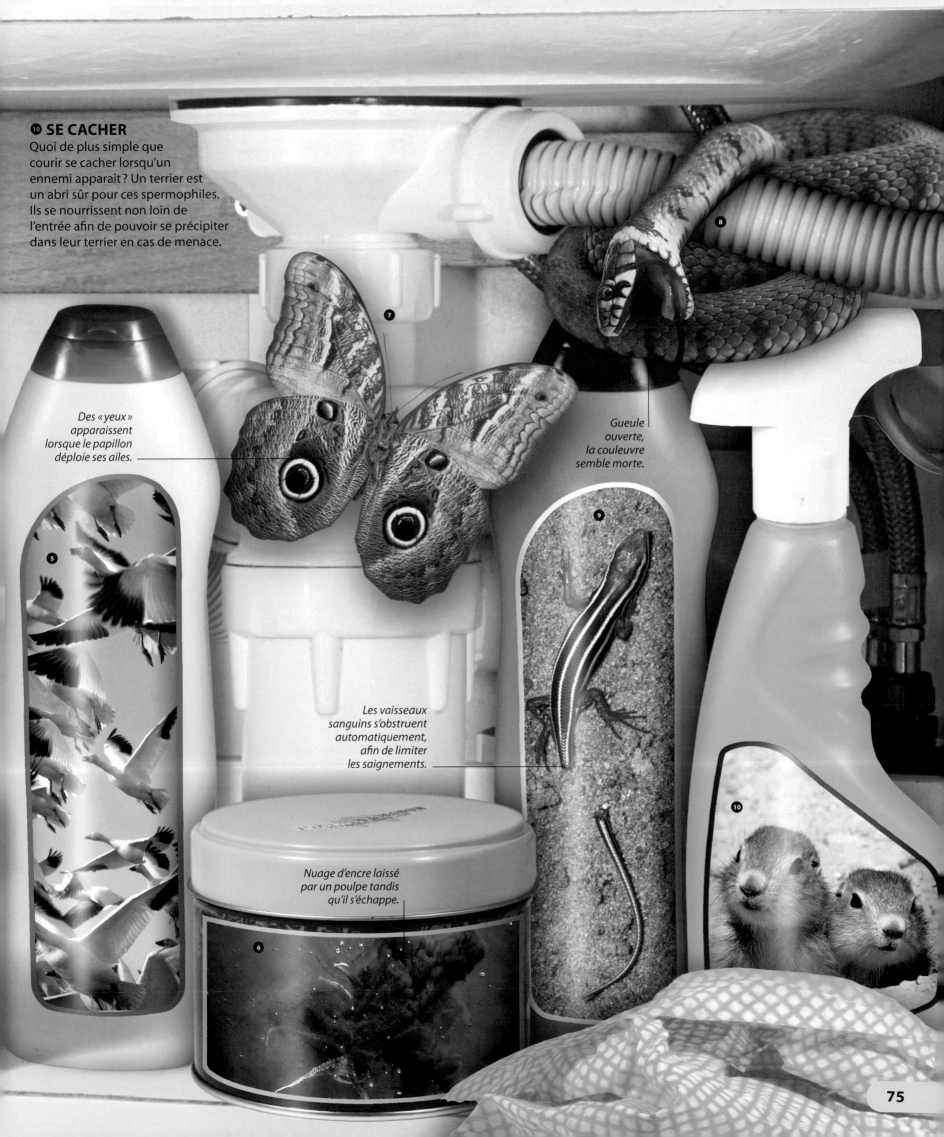

⑩ SE CACHER

Quoi de plus simple que courir se cacher lorsqu'un ennemi apparaît ? Un terrier est un abri sûr pour ces spermophiles. Ils se nourrissent non loin de l'entrée afin de pouvoir se précipiter dans leur terrier en cas de menace.

Des « yeux » apparaissent lorsque le papillon déploie ses ailes.

Gueule ouverte, la couleuvre semble morte.

Les vaisseaux sanguins s'obstruent automatiquement, afin de limiter les saignements.

Nuage d'encre laissé par un poulpe tandis qu'il s'échappe.

❶ L'ADÉQUATION NATURELLE

De nombreux animaux se fondent naturellement dans leur habitat. De couleur brun clair, le lion passe pratiquement inaperçu dans les hautes herbes sèches de la savane. Les ailes de la phalène à losanges évoquent la texture et la couleur de l'écorce. Les oiseaux susceptibles de la manger ont du mal à la voir.

❷ CHANGEMENT SAISONNIER

Les étés sont brefs et les hivers longs et enneigés dans les régions arctiques. Certains animaux changent de couleur selon la saison pour rester camouflés. Lorsque la neige commence à tomber, le plumage brun du lagopède devient blanc, avant de virer à nouveau au brun au printemps.

❸ HOMOCHROMIE INSTANTANÉE

La pieuvre modifie la couleur et les motifs de son corps en quelques secondes pour se cacher dans son environnement en contractant ou élargissant de petites poches à pigments présentes dans sa peau. Le caméléon, autre grand champion de l'homochromie, modifie également sa couleur pour communiquer.

❹ ORNEMENT

Certains animaux se parent d'objets appartenant à leur environnement pour se fondre dans le décor. Le crabe décorateur recouvre ainsi son corps d'algues, cailloux, coraux et éponges. Ce harnachement d'organismes marins est retenu grâce à de petites aspérités.

Crabe décorateur

Éponge fixée sur le crabe

Pieuvre camouflée reproduisant le fond de la mer

Pieuvre

Caméléon

Plumage assorti aux cailloux et rochers

Yeux et fourrure de la couleur de l'herbe

Lagopède en été

Lagopède en hiver

Lion

Phalène à losanges

76

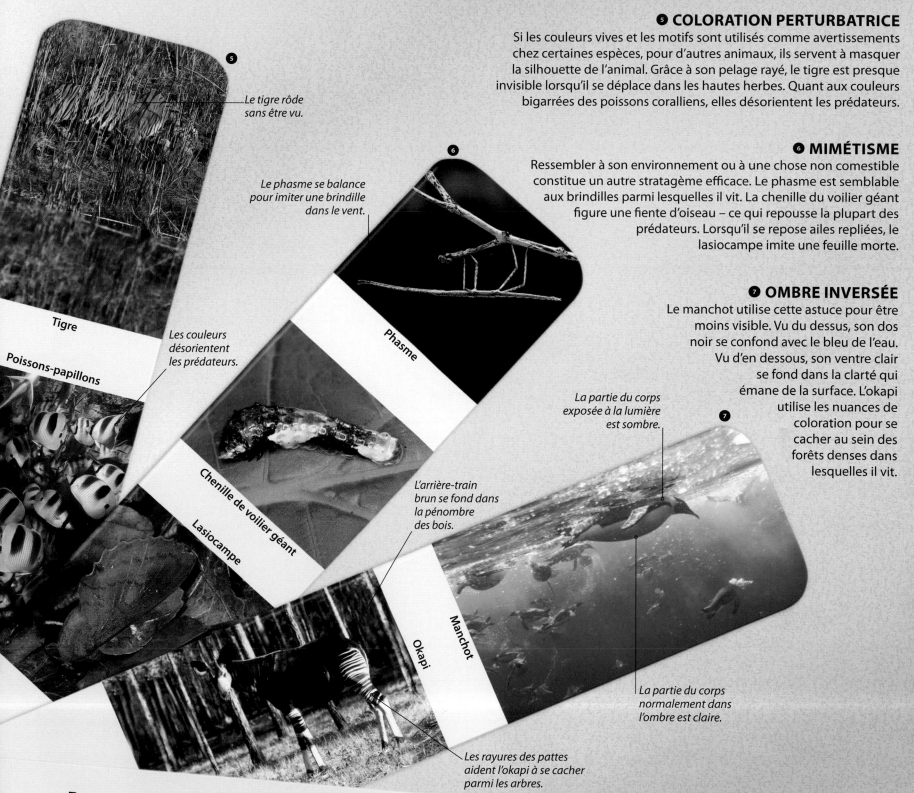

❺ COLORATION PERTURBATRICE

Si les couleurs vives et les motifs sont utilisés comme avertissements chez certaines espèces, pour d'autres animaux, ils servent à masquer la silhouette de l'animal. Grâce à son pelage rayé, le tigre est presque invisible lorsqu'il se déplace dans les hautes herbes. Quant aux couleurs bigarrées des poissons coralliens, elles désorientent les prédateurs.

❻ MIMÉTISME

Ressembler à son environnement ou à une chose non comestible constitue un autre stratagème efficace. Le phasme est semblable aux brindilles parmi lesquelles il vit. La chenille du voilier géant figure une fiente d'oiseau – ce qui repousse la plupart des prédateurs. Lorsqu'il se repose ailes repliées, le lasiocampe imite une feuille morte.

❼ OMBRE INVERSÉE

Le manchot utilise cette astuce pour être moins visible. Vu du dessus, son dos noir se confond avec le bleu de l'eau. Vu d'en dessous, son ventre clair se fond dans la clarté qui émane de la surface. L'okapi utilise les nuances de coloration pour se cacher au sein des forêts denses dans lesquelles il vit.

Le tigre rôde sans être vu.

Le phasme se balance pour imiter une brindille dans le vent.

Les couleurs désorientent les prédateurs.

Tigre

Poissons-papillons

Phasme

Chenille de voilier géant

Lasiocampe

L'arrière-train brun se fond dans la pénombre des bois.

La partie du corps exposée à la lumière est sombre.

Manchot

Okapi

La partie du corps normalement dans l'ombre est claire.

Les rayures des pattes aident l'okapi à se cacher parmi les arbres.

Le camouflage

Un prédateur a plus de chances d'attraper une proie s'il peut passer inaperçu, de même sa victime évitera d'être capturée et mangée si elle se fond dans son environnement. Certains animaux sont ainsi moins visibles grâce à un camouflage naturel. Leurs couleurs, rayures ou taches, ou leur ressemblance avec quelque chose qui ne se mange pas, les parent d'un voile d'invisibilité qui les protège.

Les avertissements

Au lieu de se cacher ou de posséder une défense élaborée, certains animaux informent de manière manifeste les prédateurs ou les concurrents de se tenir à distance. Par son avertissement – sonore, comportemental ou sous forme de couleurs vives – l'animal prévient qu'il est dangereux ou toxique, voire les deux. Certains imitent même les couleurs ou les formes d'autres animaux toxiques afin de faire croire à leurs ennemis qu'ils sont redoutables.

❷ LE DENDROBATE

Cette petite grenouille de couleurs vives d'Amérique centrale et du Sud est pourvue de glandes cutanées qui sécrètent un poison capable de tuer un serpent ou une araignée. Ses couleurs vives et ses motifs indiquent à ceux qui voudraient s'en régaler qu'elle n'est pas comestible.

❸ LE LION

Les félins rugissent pour prévenir leurs congénères de ne pas pénétrer sur leur territoire. Outre le son grave émis, le lion montre, en ouvrant la gueule, ses dents pointues. Sa tête paraît en outre plus grosse et plus effrayante. Les singes aussi montrent les dents.

❶ LE CROTALE

Ce serpent extrêmement venimeux est pourvu de sonnettes au bout de la queue. Menacé par un prédateur ou un animal qui risque de l'écraser, le crotale fait vibrer ses sonnettes, produisant un bourdonnement sourd.

Gueule grande ouverte pour afficher des dents pointues

Les sonnettes sont des écailles modifiées.

Les couleurs vives signalent que la grenouille est venimeuse.

Des rayures rouge vif sont signe de danger.

❹ LE MÉLOÉ

Sa coloration rouge et noire signale le méloé comme un animal à éviter. S'il est attaqué, le méloé libère une substance chimique qui provoque des boursouflures et dissuade tout assaillant de recommencer.

❺ LA GUÊPE ET LE SYRPHE

Par ses rayures jaunes et noires, la guêpe prévient les prédateurs qu'elle possède un dard puissant. Insecte inoffensif sans lien de parenté avec elle, le syrphe semble lui avoir copié ses rayures dans le but de dissuader les prédateurs.

❻ LA MOUFFETTE

Un prédateur aussi imposant qu'un ours peut avoir des problèmes s'il ignore les avertissements de la mouffette. Après avoir sifflé puis tapé du pied, la mouffette asperge son assaillant d'un liquide malodorant qui peut irriter, voire aveugler.

❼ LE POISSON VENIMEUX

Les rayures colorées de la rascasse volante envoient un message clair aux prédateurs potentiels : ses longues épines sont très venimeuses. En cas de menace, le poisson baisse la tête afin de faire ressortir ces dangereux aiguillons.

❽ EFFRAYANTES CHENILLES

Proies faciles, certaines chenilles ont trouvé une parade : faire peur aux oiseaux. La chenille de la queue fourchue lève la tête pour laisser apparaître une sorte de gueule, agite ses queues et lance des jets acides. La chenille du sphinx fait penser à un serpent venimeux.

❾ LE MONARQUE

Les oiseaux qui essaient de manger un monarque au goût infect ne réitèrent jamais l'expérience et se souviennent du motif de ses ailes. Le vice-roi a une apparence similaire et un goût tout aussi horrible.

Les rayures du syrphe imitent celles de la guêpe.

La guêpe a des rayures jaunes et noires manifestes.

Chenille du sphinx

De saisissants ocelles font penser à des yeux de serpent.

Longues épines remplies de venin

Couleurs noire et blanche pour avertir du danger

Lorsqu'elle lève la tête, la chenille fait apparaître une « gueule » colorée.

Si la chenille est menacée, elle redresse et agite ses « queues ».

Chenille de la queue fourchue

Vice-roi

Monarque

La lutte

Les animaux luttent sans cesse pour accéder à des ressources vitales et néanmoins limitées, telles que nourriture, partenaire et territoire. La concurrence vaut entre individus de même espèce mais également entre espèces. Certains font respecter leur domination en dissuadant leurs rivaux par des menaces ou un combat ritualisé lors duquel les opposants sont rarement blessés. Dans d'autres cas, l'affrontement est inévitable, et l'issue souvent fatale pour l'un des deux adversaires.

❶ LES COUPS DE COU
Les girafes mâles s'opposent lors de combats. Les adversaires se tiennent par le cou, se poussent et se donnent des coups de cou et de tête. Ce combat permet de désigner le mâle le plus fort qui, seul, aura la faveur des femelles.

❷ L'ATTENTE
Pour ne pas être blessés lors d'un combat, certains animaux jouent la carte de la dissuasion. Dans ces phases d'attente entre mammifères, la bouche ouverte est une menace fréquente. En bâillant, cet hippopotame montre ses dents et sa langue énormes.

Les girafes mâles se donnent de violents coups de cou.

Ennemis et rivaux sont prévenus par cette gueule grande ouverte.

Le crâne dur du mouflon d'Amérique absorbe l'impact du choc.

Puissantes mandibules utilisées pour soulever l'adversaire lors du combat

❸ ENTRE ESPÈCES

Dans la savane, lorsqu'un animal meurt ou est tué, les vautours se rassemblent autour de la carcasse et se battent entre eux pour des lambeaux de chair. Lorsque les hyènes arrivent, ils se dispersent et restent à une distance respectable de ces puissants carnivores.

❹ LES LUCANES

Les lucanes mâles n'utilisent pas leurs énormes mandibules pour la chasse, puisque ces coléoptères se nourrissent de sève, mais lors de combats rituels. Le vainqueur, qui accède aux femelles et aux sites d'accouplement, soulève son adversaire et le retourne sur le dos. Le perdant repart sans être blessé.

❺ FORTE TÊTE

Lorsque débute le rut, à l'automne, les mouflons d'Amérique mâles s'affrontent en un combat direct : ils s'élancent l'un vers l'autre et se donnent de violents coups de tête. Le combat dure jusqu'à l'abandon. Le «vainqueur» général s'accouple avec la plupart des femelles.

❻ DÉCLARATION DE TERRITOIRE

Les oiseaux chanteurs ne chantent pas pour notre plaisir mais bien pour spécifier aux autres membres de leur espèce de rester en dehors de leur territoire. Le rouge-gorge, par exemple, défend son territoire de chasse, pour lui et sa nichée. Tout intrus opiniâtre est attaqué et chassé.

❼ LE BRAME

À l'automne, le cerf élaphe réunit les femelles pour les éloigner des autres mâles. Si un rival se présente, il mugit, lui indiquant ainsi qu'il est prêt à se battre. Le brame peut suffire à dérouter l'adversaire. Dans le cas contraire, les mâles s'affrontent à coups de bois.

❽ SUR LA PLAGE

Lors du rut, les éléphants de mer se battent pour prendre possession du plus grand territoire et du plus grand nombre de femelles. Pour s'intimider, les mâles mugissent. Si cela ne suffit pas, ils s'affrontent sur la plage et s'infligent de sérieuses blessures jusqu'à ce que l'un d'eux capitule.

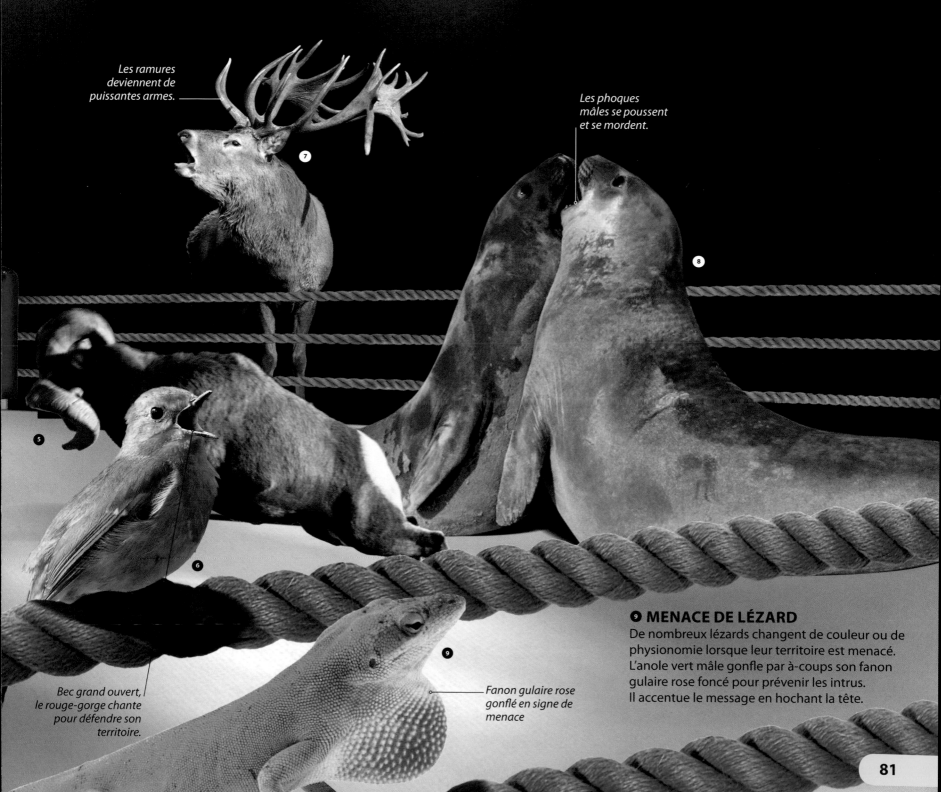

Les ramures deviennent de puissantes armes.

Les phoques mâles se poussent et se mordent.

Bec grand ouvert, le rouge-gorge chante pour défendre son territoire.

Fanon gulaire rose gonflé en signe de menace

❾ MENACE DE LÉZARD

De nombreux lézards changent de couleur ou de physionomie lorsque leur territoire est menacé. L'anole vert mâle gonfle par à-coups son fanon gulaire rose foncé pour prévenir les intrus. Il accentue le message en hochant la tête.

L'instinct

Tout ce qu'un animal fait – et la manière dont il le fait – constitue son comportement. Certains comportements s'acquièrent au fil des ans, d'autres sont innés ou instinctifs. Ils sont réalisés automatiquement, par exemple, lors de la parade, de l'accouplement ou de la construction du nid.

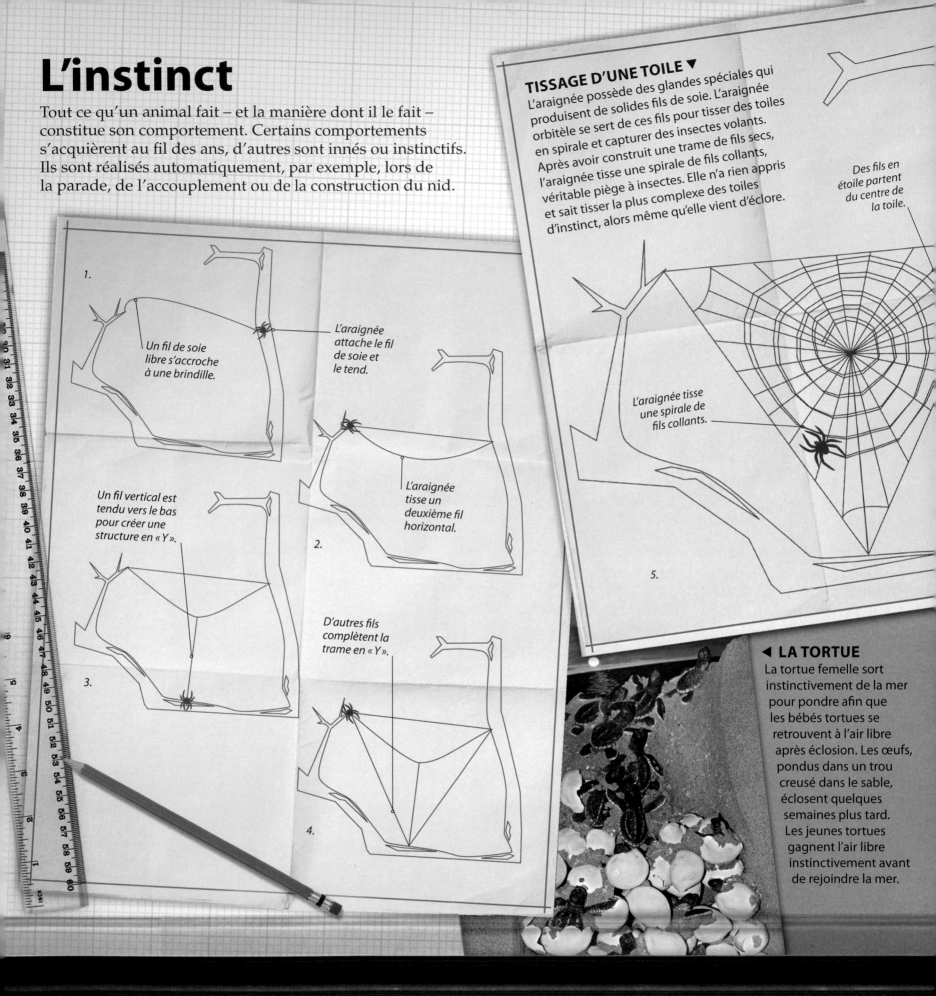

1.

Un fil de soie libre s'accroche à une brindille.

L'araignée attache le fil de soie et le tend.

Un fil vertical est tendu vers le bas pour créer une structure en « Y ».

L'araignée tisse un deuxième fil horizontal.

2.

3.

D'autres fils complètent la trame en « Y ».

4.

TISSAGE D'UNE TOILE ▼

L'araignée possède des glandes spéciales qui produisent de solides fils de soie. L'araignée orbitèle se sert de ces fils pour tisser des toiles en spirale et capturer des insectes volants. Après avoir construit une trame de fils secs, l'araignée tisse une spirale de fils collants, véritable piège à insectes. Elle n'a rien appris et sait tisser la plus complexe des toiles d'instinct, alors même qu'elle vient d'éclore.

Des fils en étoile partent du centre de la toile.

L'araignée tisse une spirale de fils collants.

5.

◄ LA TORTUE

La tortue femelle sort instinctivement de la mer pour pondre afin que les bébés tortues se retrouvent à l'air libre après éclosion. Les œufs, pondus dans un trou creusé dans le sable, éclosent quelques semaines plus tard. Les jeunes tortues gagnent l'air libre instinctivement avant de rejoindre la mer.

Toile terminée,
prête à piéger
les insectes

◄ LE SAUMON SAUTEUR

Après avoir vu le jour dans un torrent ou une rivière et
avoir gagné la mer pour se nourrir pendant des années,
le saumon revient instinctivement à l'endroit où il est né
pour se reproduire. Sa volonté est si grande qu'il est capable
de remonter rapides et cascades pour atteindre son but.

▲ LA NIDIFICATION

La plupart des oiseaux, tels ces tisserins à tête
noire, savent d'instinct construire un nid dans
lequel ils vont couver leurs œufs et nourrir leurs
oisillons. Dans le cas des tisserins, le mâle construit
un nid très élaboré avec lequel il séduit la femelle.

▲ LA GUÊPE FOUISSEUSE

Pour offrir à sa larve la nourriture
dont elle a besoin, cette guêpe
creuse une cellule dans le sol.
Puis elle paralyse une chenille
en la piquant, l'enferme dans la
cellule et pond un œuf sur elle.
Après éclosion, la larve se nourrit
de la chenille toujours vivante.

LA CIGALE PÉRIODIQUE ▶

Les nymphes (stade juvénile)
de la cigale périodique demeurent
dix-sept ans sous terre. Puis elles
sortent à l'air libre par millions,
deviennent adultes, se
reproduisent et meurent. Leurs
larves restent enfouies dans le sol
à nouveau pour dix-sept ans.

L'apprentissage

Les animaux apprennent à modifier leur comportement par l'expérience et augmentent ainsi leurs chances de survie. L'apprentissage est fréquent chez les oiseaux et les mammifères qui, souvent lorsqu'ils sont jeunes, sont pris en charge par leurs parents. Il peut aussi se poursuivre tout au long de la vie. Il se fait souvent par imitation ou par tâtonnement, l'animal adaptant son comportement selon son échec ou sa réussite.

Le bâton est un outil pratique pour déloger les fourmis d'une fourmilière.

Ce jeune guépard s'exerce à la chasse avec une petite antilope.

Le caneton apprend rapidement à suivre sa mère.

❶ LE GUÉPARD

Les compétences requises pour chasser et tuer une proie doivent être apprises par les jeunes prédateurs comme les guépards afin qu'adultes, ils parviennent à se nourrir seuls. Un jeune guépard apprend en regardant sa mère, qui lui apporte des proies vivantes pour qu'il s'entraîne à les attraper et à les tuer.

❷ LE CANETON

Peu après avoir éclos, les oiseaux qui nichent à terre, tels que canards et oies, apprennent par imprégnation. Ils apprennent à identifier leur mère, à la suivre de près afin d'être protégés et à trouver de quoi se nourrir. L'apprentissage dure quelques semaines et améliore les chances de survie des jeunes.

L'huîtrier pie montre à son petit comment attraper des insectes.

❸ LE CHIMPANZÉ

Comme l'homme, le chimpanzé apprend par déduction – il saisit soudain la solution d'un problème après tâtonnements. Après avoir enfoncé un bâton dans une fourmilière et vu que le bout de bois ressortait couvert d'insectes, il comprend qu'il peut ainsi attraper des fourmis. Ce geste est alors reproduit par ses congénères.

❹ L'HUÎTRIER PIE

L'huîtrier pie est un oiseau de rivage qui fouille le sable mou et la vase de son long bec robuste. Il l'utilise pour ouvrir les coques et autres coquillages ou bien pour déloger les vers marins. Le jeune huîtrier apprend à se nourrir en regardant et en imitant ses parents.

Les femelles touchent constamment les éléphanteaux, les guident et les protègent.

❽ L'ÉLÉPHANT

Cet animal intelligent vit en unité familiale de femelles apparentées. Pendant des années, l'éléphanteau va apprendre à évoluer au sein du groupe et à survivre, à trouver de l'eau, de la nourriture ou à reconnaître un chemin. Sa mère, ses tantes et ses cousines assurent son éducation.

❾ LE MACAQUE DU JAPON

Des chercheurs ont laissé des patates douces sur la plage à l'intention d'un groupe de ces singes intelligents. Une femelle en a pris une et l'a lavée dans la mer pour enlever le sable – un comportement inédit reproduit par les autres membres du groupe, puis par les jeunes. Un geste acquis transmis de génération en génération.

La patate douce est lavée avant d'être mangée.

❺ LE JARDINIER

Certains oiseaux imitent un chant afin de défendre leur territoire et de séduire. Parmi ces imitateurs de talent figurent les jardiniers d'Australie et de Nouvelle-Guinée qui, outre les chants, reproduisent également sonneries de téléphone, bruits de tronçonneuse et alarmes de voitures.

❻ LE RENARDEAU

Le jeu tient une place très importante dans l'apprentissage chez de nombreux jeunes mammifères, dont le renardeau. En faisant semblant, le jeune progresse et améliore les qualités dont il a besoin pour survivre et devenir adulte, notamment se battre et attraper des proies.

Le papillon se nourrit du nectar de fleurs de couleurs vives.

❼ LE PAPILLON

Lorsque le papillon sort de sa chrysalide – stade intermédiaire entre la larve et l'imago –, il est d'instinct attiré par les fleurs de couleurs vives dont il suce le nectar. Il apprend par tâtonnements à discerner les fleurs qui ont un nectar plus ou moins sucré.

85

Mâles et femelles

Tous les animaux se reproduisent et donnent vie à des jeunes qui les remplacent lorsqu'ils meurent. La reproduction implique souvent que mâles et femelles se rencontrent pour s'accoupler. Les deux sexes peuvent être très similaires ou, comme dans les exemples présents, différer en taille et en couleurs. Des différences qui sont autant d'atouts de séduction.

Ornithoptère femelle brune

Sac gulaire gonflé

❺ L'ORNITHOPTÈRE
Également appelé papillon-oiseau, l'ornithoptère mâle est différent de sa femelle. Il est ainsi plus facile d'apercevoir un mâle avec ses larges ailes vertes dans les contrées boisées de l'Australasie que de voir une femelle, plus grosse, mais d'une coloration brune plus terne.

❻ LE GIBBON
Le gibbon noir vit dans les forêts tropicales du Sud-Est asiatique. Il naît avec un pelage clair qui devient noir par la suite. Le mâle reste noir mais la femelle s'éclaircit à nouveau en atteignant la maturité.

❶ LA FRÉGATE DU PACIFIQUE
Ces grands oiseaux marins passent la plus grande partie de leur vie en mer, pêchant à la surface de l'eau. Lors de la saison des amours, ils se posent en nombre sur des îlots inhabités où les mâles, pour attirer les femelles, gonflent leur sac gulaire rouge caractéristique.

❷ LE NASIQUE
Chez de nombreux primates, dont le nasique de Bornéo, les mâles sont plus gros. Un nasique mâle est également pourvu d'un long nez pendant qui séduit la femelle. Le nez amplifie l'aboiement qu'il lance pour avertir les autres mâles de rester éloignés de ses femelles et de leurs jeunes.

❸ LE POISSON-CLOWN ÉPINEUX
Certains poissons, notamment de récif, changent de sexe. Le poisson-clown épineux vit en groupe d'une femelle et plusieurs mâles. Si la femelle meurt, un des mâles devient femelle et assure son rôle dans la reproduction. Le poisson-ange flamboyant vit en groupe d'un mâle et plusieurs femelles. Si le mâle part, une femelle devient mâle et le remplace.

❹ LA MANTE RELIGIEUSE
L'accouplement peut se révéler dangereux pour le mâle de la mante religieuse. La femelle de cet insecte prédateur est plus grosse que son partenaire et a la réputation de le dévorer lors de l'accouplement. Lorsque celui-ci monte sur son dos, elle le saisit de ses pattes avant et lui arrache la tête.

Poisson-clown épineux   *Poisson-ange flamboyant*

Mantes religieuses s'accouplant

❼ LE GRAND ÉCLECTUS

Le dimorphisme sexuel est très prononcé chez le grand éclectus, au point que les premiers naturalistes ont cru que mâles et femelles étaient des espèces distinctes. Fait rare chez les perroquets, le plumage rouge de la femelle la rend très visible dans les arbres.

❽ LE CERF

Les bois du cerf poussent en été, juste avant la période du rut. Les ramures sont alors un atout de séduction et servent également à combattre les autres cerfs. À la fin de l'hiver, les bois meurent et tombent.

❾ LA NÉPHILE DORÉE

Le mâle, à l'instar de nombreuses autres espèces d'araignées, est plus petit que la néphile dorée femelle et risque d'être dévoré par cette dernière. Seul avantage à cette différence : le mâle peut approcher la femelle ou lui dérober sa nourriture sans être vu.

Larges bois ramifiés

La biche est plus petite que le cerf.

L'éclectus femelle est rouge éclatant et bleu-violet.

Néphile dorée mâle approchant discrètement une femelle plus grosse

La parade nuptiale

De nombreux animaux mâles paradent pour séduire les femelles. Les parades les plus spectaculaires sont celles des oiseaux. Les mâles chantent, dansent, cherchent à impressionner de potentielles partenaires et utilisent leurs plumages et couleurs, souvent plus avantageux, pour se mettre en valeur. Chez certains, dont les aigles, la parade noue un lien qui durera toute la vie.

LE MARTIN-PÊCHEUR ▲
L'offrande alimentaire est importante chez de nombreux oiseaux, dont le martin-pêcheur. Le mâle offre de la nourriture à la femelle pour renforcer le lien qui les unit. Il continue cette pratique lorsqu'elle couve afin qu'elle n'ait pas faim.

▼ LE FOU À PIEDS BLEUS
Cet oiseau marin du Pacifique a de grands pieds bleus palmés. Lors de la parade nuptiale, le mâle exécute un pas de l'oie appuyé, queue dressée, et se pavane pour impressionner la femelle et la convaincre de s'accoupler.

LE MÉNURE ▲
Pour séduire, le ménure superbe, ou oiseau-lyre, mâle déploie son élégante queue en éventail sur sa tête, entonne un chant complexe et imite les appels d'autres oiseaux ainsi que les bruits de la forêt, tronçonneuses notamment.

LE PYGARGUE À TÊTE BLANCHE ▼
Pygargues mâle et femelle exécutent une spectaculaire parade, virevoltant l'un sur l'autre dans les airs. Ils se tiennent par les serres, tournoient en tombant et se séparent juste avant d'atteindre le sol.

◄ LE TÉTRAS DES ARMOISES
Au printemps, les tétras se rassemblent en un endroit dégagé appelé lek, ou arène de danse. Les mâles y pavanent, plumes de la queue dressées, et gonflent leur sac gulaire pour montrer un somptueux cou jaune et séduire le plus de femelles possible.

LE PARADISIER ▲
Les paradisiers de Raggi mâles sont superbes, avec de longues plumes ornementales de couleurs vives. Dans les forêts de Nouvelle-Guinée, ils rivalisent en exhibant leur plumage. Chez les femelles, les plumes ornementales sont absentes.

L'ENGOULEVENT ▲
L'engoulevent à balanciers mâle est doté de rémiges centrales très longues. Lors de la saison des amours, au crépuscule, il tourne en Afrique, autour d'une compagne potentielle lors de vols de parade, plumes dressées pour l'impressionner.

LA GRUE ▼
S'accouplant généralement pour la vie, les grues effectuent une parade élaborée au début de la saison des amours. Ces grues du Japon exécutent une danse complexe, s'inclinant une puis bondissant dans les airs.

LE PAON BLEU ▼
Originaire d'Asie méridionale, le paon a de très belles couleurs et de très longues plumes caudales. Les paonnes, en revanche, ont un plumage terne et une traîne plus petite sans ocelles. Lors de la parade, le paon dresse les plumes de sa traîne en un magnifique éventail et fait la roue.

Les œufs

Des blattes aux coucous, de nombreuses espèces pondent. Certaines ne pondent que quelques œufs et en prennent soin. D'autres en pondent par centaines et abandonnent les œufs sans les couver. À l'intérieur de l'œuf, un jeune se développe, nourri par sa propre réserve alimentaire, puis éclôt.

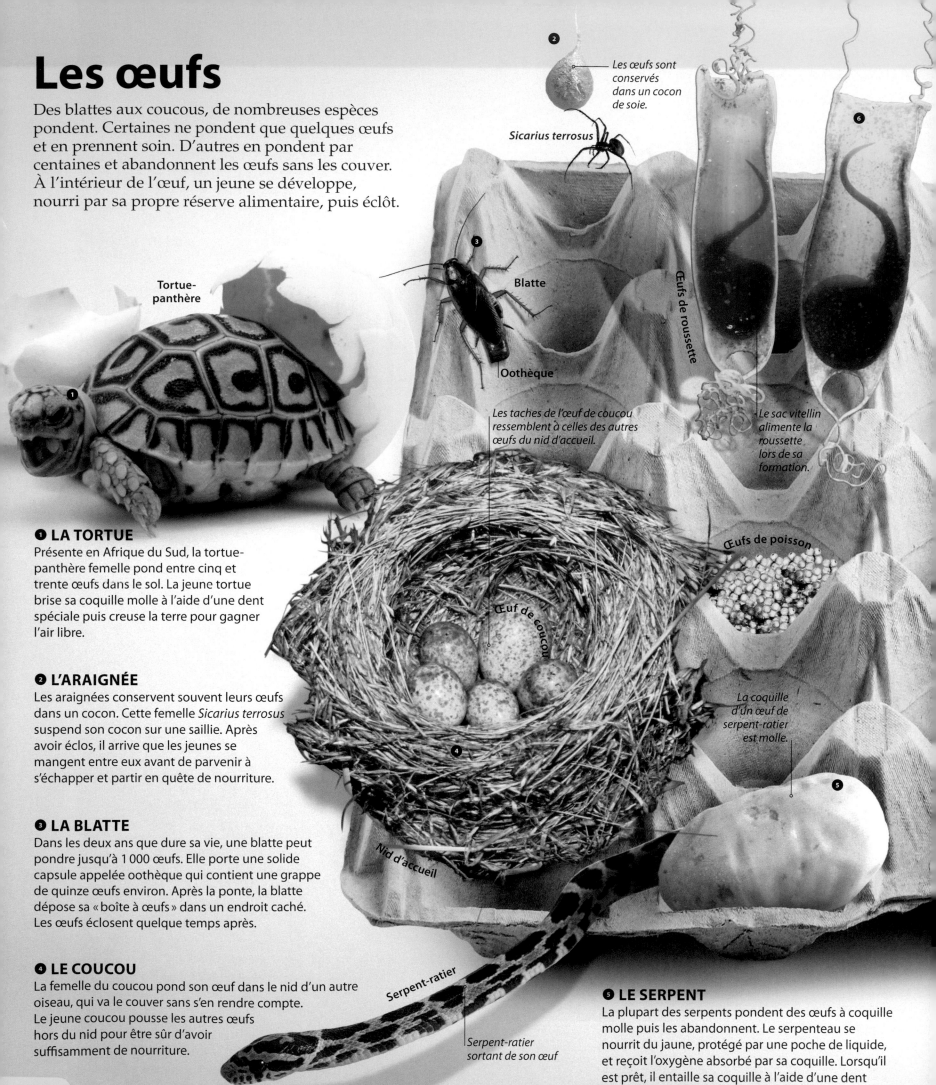

Les œufs sont conservés dans un cocon de soie.

Sicarius terrosus

Tortue-panthère

Blatte

Oothèque

Œufs de roussette

Le sac vitellin alimente la roussette lors de sa formation.

Les taches de l'œuf de coucou ressemblent à celles des autres œufs du nid d'accueil.

Œufs de poisson

Œuf de coucou

La coquille d'un œuf de serpent-ratier est molle.

Nid d'accueil

Serpent-ratier

Serpent-ratier sortant de son œuf

❶ LA TORTUE

Présente en Afrique du Sud, la tortue-panthère femelle pond entre cinq et trente œufs dans le sol. La jeune tortue brise sa coquille molle à l'aide d'une dent spéciale puis creuse la terre pour gagner l'air libre.

❷ L'ARAIGNÉE

Les araignées conservent souvent leurs œufs dans un cocon. Cette femelle *Sicarius terrosus* suspend son cocon sur une saillie. Après avoir éclos, il arrive que les jeunes se mangent entre eux avant de parvenir à s'échapper et partir en quête de nourriture.

❸ LA BLATTE

Dans les deux ans que dure sa vie, une blatte peut pondre jusqu'à 1 000 œufs. Elle porte une solide capsule appelée oothèque qui contient une grappe de quinze œufs environ. Après la ponte, la blatte dépose sa « boîte à œufs » dans un endroit caché. Les œufs éclosent quelque temps après.

❹ LE COUCOU

La femelle du coucou pond son œuf dans le nid d'un autre oiseau, qui va le couver sans s'en rendre compte. Le jeune coucou pousse les autres œufs hors du nid pour être sûr d'avoir suffisamment de nourriture.

❺ LE SERPENT

La plupart des serpents pondent des œufs à coquille molle puis les abandonnent. Le serpenteau se nourrit du jaune, protégé par une poche de liquide, et reçoit l'oxygène absorbé par sa coquille. Lorsqu'il est prêt, il entaille sa coquille à l'aide d'une dent d'éclosion temporaire pointue.

❻ LA ROUSSETTE

L'œuf de ce petit requin est protégé dans une capsule gélatineuse appelée sac vitellin. La capsule s'accroche à une algue à l'aide de filaments pour ne pas dériver. Pendant des mois, la jeune roussette se développe en se nourrissant du jaune puis sort de son sac.

Les plumes humides sèchent rapidement.

Poussin de faisan

Coquille d'œuf dure brisée par un oisillon

❼

Œuf de faisan

Œuf de faucon

Œuf de guillemot

Œuf de moqueur

Œuf d'ornithorynque

❾

❽

Œufs de coccinelle

Frai de grenouille

Œuf d'autruche

Œufs de bâton du diable (phasme indien)

Œufs de papillon

❿

Œufs de triton

⓫

❼ LES OISEAUX QUI NICHENT AU SOL

Les oiseaux qui nichent au sol, tels que les faisans, pondent plusieurs œufs à la coquille dure. La période d'incubation est longue. Dès éclosion, les poussins sont en mesure de manger seuls.

❽ LES OISEAUX QUI NICHENT EN FALAISE

Le guillemot femelle pond ses œufs, avec précaution, sur une étroite saillie de falaise. En cas de bousculade, l'œuf en forme de poire tourne sur lui-même mais ne tombe pas. Des marques uniques à chaque œuf permettent aux parents de l'identifier parmi tant d'autres.

❾ L'ORNITHORYNQUE

L'ornithorynque femelle est l'un des rares mammifères ovipares. Après avoir creusé un terrier non loin de celui où elle vit, elle pond deux œufs dont la coquille est molle. Elle couve les œufs pendant dix jours et allaite ses jeunes dès l'éclosion.

❿ LE PAPILLON

Lorsque les papillons femelles pondent, ils fixent les œufs à des feuilles dont les larves se nourrissent après éclosion. Toutefois, lorsque les chenilles sortent de l'œuf, elles mangent leurs coquilles nutritives vides avant de consommer les feuilles.

⓫ LE TRITON

Les œufs de triton n'ont pas de coquille et sont pondus dans l'eau. Un triton femelle pond ses œufs l'un après l'autre, se servant de ses pieds pour les envelopper chacun dans les feuilles de plantes aquatiques afin de les protéger jusqu'à l'éclosion.

L'histoire d'une vie

Après avoir éclos ou être né, un animal grandit et se développe jusqu'à devenir un adulte mature en mesure, à son tour, de se reproduire. Certains jeunes, mammifères, oiseaux et poissons notamment, ressemblent à leurs parents, et leur vie consiste simplement à grandir jusqu'à obtenir leur taille adulte. Pour d'autres, insectes et amphibiens, l'évolution passe par une série de métamorphoses ou de transformations en diverses étapes.

▼ LA VACHE

Les mammifères se développent *in utero* – dans le ventre de leur mère –, naissent puis sont allaités. Veaux et poulains naissent complètement formés et se dressent sur leurs pattes peu après la naissance. Ils grandissent jusqu'à ce que, à leur tour, ils soient en mesure de se reproduire. D'autres mammifères, comme les renards et les souris, naissent aveugles et sans défense. Ils ont besoin de soins parentaux et changent de forme en grandissant.

La vache reste non loin du jeune.

Le veau est à l'image de sa mère, en modèle réduit.

L'AIGLE ROYAL ▼

À l'instar de nombreux oisillons, l'aiglon naît fragile et sans défense. Il ne peut quitter le nid et doit être nourri par ses parents. En une dizaine de semaines, ses plumes se développent, et le jeune aigle commence à voler et à chasser. Parvenus à l'âge adulte, mâles et femelles s'unissent pour la vie.

1. Le poussin nouvellement éclos est couvert d'un duvet blanc.

2. Nourri de morceaux de viande, quelques semaines plus tard, l'aiglon a bien grandi.

3. Le jeune aigle est sur le point de voler, encouragé par l'adulte qui ne lui apporte plus de nourriture.

4. L'aigle, mature, peut voler et chasser.

1. Le têtard respire par des branchies.

2. Les membres postérieurs puis antérieurs apparaissent.

3. Le corps commence à ressembler à celui d'une grenouille et la queue se résorbe.

4. Une grenouille adulte a un corps compact.

▲ LA GRENOUILLE

Les amphibiens connaissent une métamorphose entre le stade larvaire et adulte. Un têtard de grenouille éclôt dans l'eau, se nourrit de plantes et respire par des branchies, d'abord externes puis internes. Ensuite ses membres postérieurs puis antérieurs se développent. Sa tête et ses yeux se précisent, il commence à respirer par ses poumons et se nourrit de petits animaux. Sa queue se résorbe peu à peu et disparaît finalement. Devenu grenouille, il quitte son étang.

RÉCUPÉREZ VOS PHOTOS ICI

1. L'œuf de papillon est pondu sur une feuille.

2. La chenille mange les feuilles grâce à ses pièces buccales.

3. La chenille se transforme en chrysalide et reste immobile quelques jours, voire quelques semaines.

4. Un papillon adulte apparaît.

▲ LE PAPILLON

La plupart des insectes subissent une métamorphose complète, passant par quatre stades de vie distincts. Le papillon femelle pond des œufs qui donnent vie à des larves appelées chenilles. La chenille se nourrit constamment de plantes puis arrête de bouger et s'enferme dans un cocon pour devenir nymphe. À l'intérieur de la chrysalide, les tissus sont réorganisés pour former un papillon qui sort lorsque le cocon s'ouvre.

1. La nymphe vit et chasse sous l'eau.

2. L'adulte apparaît.

3. Les ailes se remplissent de sang et se déploient.

4. L'adulte vole et se nourrit d'insectes.

▲ LA LIBELLULE

Certains insectes subissent une métamorphose incomplète, en trois stades – œuf, nymphe et imago. Dans le cas de la libellule, de l'œuf sort une nymphe, à l'image de l'adulte mais dépourvue d'ailes. La nymphe grandit et mue : elle se débarrasse de son ancienne peau, ou cuticule. Au terme de la mue, un adulte ailé apparaît.

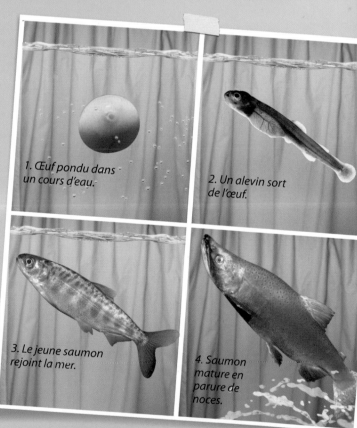

1. Œuf pondu dans un cours d'eau.

2. Un alevin sort de l'œuf.

3. Le jeune saumon rejoint la mer.

4. Saumon mature en parure de noces.

▲ LE SAUMON

Le saumon fraie dans un torrent ou une rivière. L'œuf donne vie à un alevin qui grandit en eaux vives quelques mois ou quelques années avant de gagner la mer. Le saumon reste en mer quelques années, le temps de devenir mature. Il arrête alors de manger, change de couleur et regagne le cours d'eau où il est né pour frayer avant de mourir, épuisé.

Les soins parentaux

Certaines espèces se contentent de pondre des œufs et laissent la nature faire. D'autres animaux, oiseaux et mammifères notamment, prennent en charge leur progéniture et s'investissent davantage. Les soins parentaux améliorent grandement les chances de survie des jeunes les premiers jours de leur vie, parfois dangereux.

▲ LE CHAT

Comme de nombreux mammifères, le chaton naît sans défense, aveugle et encore maladroit dans ses mouvements. Il dépend de sa mère qui lui apporte chaleur, protection et nourriture, sous forme de lait qu'il tète de ses mamelles.

▲ L'ÉLÉPHANT

Certains mammifères, dont les éléphants et les ongulés, donnent naissance à des jeunes capables de marcher et de courir peu après la naissance. L'éléphanteau est pris en charge par sa mère et les autres femelles du groupe, qui s'en occupent pendant des années.

◄ LE KANGOUROU

Un jeune marsupial, tel que le kangourou, naît très immature. Il migre alors dans la poche ventrale de sa mère où, bien protégé, il finit sa croissance et reste des mois. Le lait dont il se nourrit lui permet de se développer.

▲ LE SCORPION

Après avoir donné naissance à des jeunes viables, le scorpion femelle les transporte sur son dos jusqu'à ce qu'ils puissent se nourrir seuls. D'autres arachnides, araignées notamment, gardent leurs œufs. Ils les enveloppent dans un cocon de soie et les transportent avec eux.

Les jeunes d'oiseaux qui nichent au sol éclosent bien développés et sont rapidement en mesure de se déplacer. Les parents les prennent toutefois en charge et les protègent. Les cygnes les portent sur le dos.

▲ LA MÉSANGE BLEUE

Les jeunes d'oiseaux qui nichent dans les arbres, comme la mésange bleue, naissent aveugles, nus et sans défense. Les deux parents passent leurs journées à trouver des insectes pour nourrir leur progéniture affamée.

LA PUNAISE DORÉE ▶

Les insectes sociaux s'occupent des jeunes au sein de la colonie. Les autres insectes se contentent de pondre et de laisser leurs œufs éclore seuls. La punaise dorée garde ses œufs et protège sa progéniture des prédateurs en faisant rempart de son corps.

◀ L'HIPPOCAMPE

Près d'un quart des poissons, mâles bien souvent, s'occupent de leurs jeunes. Les hippocampes femelles, par exemple, pondent leurs œufs dans une poche d'incubation située dans le ventre du mâle où ils éclosent.

▲ L'ALLIGATOR

En dehors de quelques lézards et serpents qui gardent leurs œufs, les alligators sont les seuls reptiles qui prennent soin de leur progéniture. La femelle surveille le nid jusqu'à éclosion des œufs puis protège ses bébés jusqu'à ce qu'ils soient suffisamment grands pour être indépendants.

▼ MANNOPHRYNE COLLARIS

Certains dendrobates ne pondent que quelques œufs et les surveillent de près. *Mannophryne collaris* mâle reste avec les œufs jusqu'à éclosion puis transporte les têtards sur son dos vers un point d'eau où ils poursuivent leur développement.

EN COLONIES
En Antarctique, les manchots empereurs passent la moitié de leur vie sur terre et l'autre moitié dans l'eau. Grégaires, ces vigoureux oiseaux ne vivent qu'en colonies.

Les modes de vie

Les habitats

La plupart des animaux vivent dans un environnement particulier, au sein duquel ils s'efforcent de survivre. Chaque habitat, qu'il s'agisse du désert ou de la forêt tropicale, est façonné par un certain nombre de facteurs environnementaux tels que précipitations, altitude, température et végétation. Voici quelques-uns des nombreux habitats rencontrés sur Terre et des animaux qui y vivent.

▲ LA FORÊT DE CONIFÈRES
S'étirant sur tout le nord de l'Amérique, de l'Europe et de l'Asie, ces denses forêts de pins et de conifères supportent de longs hivers froids. Lors des brefs étés, elles fourmillent d'insectes, d'oiseaux granivores, de lièvres, d'élans, de loups et de lynx. Pour survivre en hiver, de nombreux animaux migrent ou hibernent.

LE RÉCIF CORALLIEN ▶
Présents dans les mers chaudes peu profondes, les récifs coralliens se composent de coraux durs. Ils assurent gîte et vivre à de nombreux petits poissons et autres créatures, mais aussi à des prédateurs tels que les pieuvres et les requins.

◀ LA SAVANE AFRICAINE
Cette vaste prairie, parsemée d'arbres, est riche en vie animale. Elle est chaude, avec une alternance de saisons des pluies et de saisons sèches. De grands troupeaux d'herbivores, tels que des zèbres, sont suivis par leurs prédateurs, les lions et les hyènes notamment.

LA MONTAGNE ▶
Les régions montagneuses englobent plusieurs habitats. Plus l'altitude est élevée, plus le climat est froid et venteux, et moins les animaux peuvent survivre. Ces guanacos, qui paissent dans les Andes, vivent entre les basses altitudes forestières et les pics escarpés.

▲ LE DÉSERT

Dans cet habitat sec et rude, la température atteint des sommets la journée et baisse considérablement la nuit. Néanmoins, des animaux survivent. Nombre d'entre eux, comme ces suricates, creusent des terriers pour se protéger de la chaleur, du froid et des prédateurs.

LA FORÊT TROPICALE ▶

Ces denses forêts poussent dans les régions chaudes et humides près de l'équateur et abritent plus de la moitié de toutes les espèces animales. Chaque étage de la forêt offre abri et nourriture à des oiseaux, des singes et autres créatures.

◀ ANTARCTIQUE

Recouvert d'une couche de glace, dépourvu de végétation, froid en toutes saisons, notamment lors de l'hiver austral, l'Antarctique accueille peu de résidents permanents. Toutefois, les eaux environnantes sont fréquentées par des phoques, des baleines et des manchots, dont certains se reproduisent même sur ce continent.

LA FORÊT DE FEUILLUS ▶

La forêt de feuillus, ou caducifoliée, pousse là où les étés sont chauds et les hivers, durant lesquels les arbres perdent leurs feuilles, froids. Elle abrite de nombreux insectes dont se nourrissent les oiseaux mais aussi des écureuils, des renards, des ours, des hiboux et des cerfs qui broutent dans les clairières et mangent également les feuilles des arbres.

Les habitations

Si de nombreux animaux bougent constamment, d'autres construisent des abris pour se protéger des éléments et des prédateurs. Certaines habitations, comme les galeries des taupes, durent plus longtemps que les structures temporaires, les nids d'oiseaux par exemple. À plus grande échelle, de nombreux animaux défendent un territoire pour conserver un accès à l'eau et à la nourriture.

❶

Chimpanzé couché dans son nid de feuilles

❶ JUSTE POUR UNE NUIT
Après avoir passé la journée à fourrager dans la forêt, le chimpanzé fait un simple nid dans les arbres afin de dormir. Il le construit en pliant des branches pour constituer une plate-forme qu'il tapisse de petites branches. Au matin, il repart, ne revenant que rarement dans un ancien nid.

❸ LE TUNNEL AVEC TRAPPE
La mygale creuse un terrier vertical, fermé en surface par une trappe de soie articulée et camouflée par des brindilles et de la terre. L'araignée attend dans son tunnel et se précipite sur la trappe lorsqu'elle sent les vibrations d'une proie potentielle.

❷

Hutte de castor construite à partir de branches, bâtons et boue

❷ L'ABRI LACUSTRE
Ingénieurs de la nature, les castors, rongeurs aquatiques, utilisent leurs incisives pour abattre des arbres et des branches afin de barrer un cours d'eau et de créer une retenue. Ils y construisent une hutte pour toute leur famille – avec entrée sous l'eau. Ils y mangent, s'y reproduisent et élèvent leurs jeunes, à l'abri de tout prédateur.

❸

La trappe s'ouvre lorsque l'araignée sort de son terrier.

❹

❺

La taupe mange un ver de terre tombé dans sa galerie.

❻

L'argyronète respire l'air emmagasiné dans sa bulle.

❹ LE MOBIL-HOME

Certains animaux portent leur maison sur le dos pour se protéger des prédateurs. Le bernard-l'ermite, dont l'abdomen est souple et vulnérable, se protège en s'installant dans un coquillage vide. En cas de danger, il rentre dans sa coquille. Lorsqu'il devient trop gros pour sa coque d'emprunt, il en cherche une autre plus adéquate.

❺ L'ABRI SOUTERRAIN

Avec son corps cylindrique, ses poils courts, ses pattes avant en forme de pelle, le corps de la taupe est parfaitement adapté à la construction d'un réseau de galeries que la taupe vérifie et répare régulièrement. Ses sens de l'odorat et du toucher prononcés lui permettent de dénicher de savoureux vers.

❻ LA CLOCHE D'AIR

L'argyronète est la seule araignée aquatique qui habite en permanence sous l'eau. Elle tisse une toile sous l'eau, la remplit d'air et attend ses proies dans la poche ainsi formée. Elle remonte de temps en temps en surface pour prendre de petites bulles d'air entre ses pattes et réapprovisionner l'intérieur de la cloche.

Un merle bleu azuré mâle sort d'un trou d'arbre.

❼

Nid de grèbe flottant sur l'eau

❽

❾

❿

❼ LE NID D'OISEAU

Cette habitation temporaire, construite par les oiseaux lors de la saison des amours, peut prendre des formes et des tailles diverses. Le nid est l'endroit où les œufs sont pondus et couvés. Il sert d'abri aux oisillons. Le grèbe huppé construit son nid sur l'eau, hors d'atteinte des prédateurs terrestres.

❽ LE TERRITOIRE

Certains animaux défendent un vaste espace appelé territoire afin de protéger leur nourriture, leur accès à l'eau et leurs partenaires de leurs rivaux. Ce guépard mâle marque son territoire en répandant un jet d'urine très odorante sur un arbre.

❾ LE TROU DANS UN ARBRE

Naturel ou creusé, le trou d'arbre sert d'abri à de nombreuses espèces, notamment pics et écureuils. Sous la protection du mâle, la femelle du merle bleu azuré construit le nid et pond ses œufs dans un trou d'arbre.

❿ L'ABRI VÉGÉTAL POUR FOURMIS

Les fourmis *Azteca* entretiennent une relation symbiotique avec certains végétaux – notamment les *cecropia*. Ces fourmis piqueuses défendent l'arbre en attaquant les insectes phytophages et coupent les plantes étouffantes. En échange, l'arbre apporte nourriture aux fourmis et les héberge dans ses branches creuses.

Fourmis Azteca prenant soin de leurs œufs à l'intérieur d'un arbre creux

Dans l'obscurité

De nombreuses espèces animales sont inactives le jour, préférant chasser à la faveur de l'obscurité. Les animaux nocturnes ne sont actifs que la nuit afin d'éviter la chaleur du jour, les prédateurs ou la concurrence. D'autres vivent dans des habitats, profondeurs de l'océan, terriers ou grottes notamment, où l'obscurité est permanente. Tous savent s'orienter et chasser en l'absence de lumière.

*Plumes dentelées
rendant le vol
silencieux*

LA CHOUETTE EFFRAIE ▼
Remarquable chasseur nocturne, la chouette effraie peut opérer dans le noir absolu. Elle utilise son ouïe pour localiser sa proie puis fond sur sa victime sans un bruit. Comme les autres rapaces nocturnes, elle a de grands yeux et voit parfaitement dans la pénombre.

LA TAUPE D'EUROPE ▼
Vue et ouïe ne sont pas primordiales pour cette championne des galeries. En revanche, le museau mobile de la taupe d'Europe est très sensible. Il est pourvu de vibrisses reliées à des récepteurs tactiles. C'est grâce à l'odorat et au toucher qu'elle localise ses proies : vers, limaces et larves d'insectes tombés dans ses galeries.

LE LIÈVRE DE CALIFORNIE ▶
À l'instar de nombreux habitants du désert, le lièvre de Californie reste à l'ombre la journée, ne sortant qu'à la fraîcheur de la nuit pour se nourrir. Le lièvre utilise ses longues oreilles pour repérer ses prédateurs tels que les coyotes.

LE WETA ▶
Ce grand cousin du grillon ne se rencontre qu'en Nouvelle-Zélande. Le jour, il s'abrite dans des cavités creusées par des coléoptères dans les arbres. La nuit, il sort pour se nourrir de plantes et de petits insectes. Il se dirige et sent sa nourriture à l'aide de ses longues antennes.

LA LUCIOLE ▶

La luciole est un coléoptère volant nocturne qui possède des organes produisant de la lumière dans son abdomen. Ces organes contiennent de la luciférine, substance indispensable à la bioluminescence ou production et émission de lumière, sans grande production de chaleur. La luciole émet ces signaux lumineux pour séduire de potentiels partenaires.

LE POISSON-VIPÈRE DE SLOANE ▲

Ce poisson pélagique possède des photophores, des organes qui produisent de la lumière, notamment à l'extrémité de sa nageoire dorsale. Il leurre ainsi les proies et les guide vers ses mâchoires grandes ouvertes dotées de longs crocs. Il communique avec ses congénères des abysses grâce aux photophores situés le long de son corps.

◀ L'OREILLARD

De nombreuses chauves-souris se nourrissent d'insectes. Ne voyant pas bien, elles utilisent l'écholocation pour se diriger et chasser. En vol, elles émettent des ultrasons qui rebondissent sur les objets. Les échos sont captés par les oreilles et traduits par le cerveau en «image sonore».

LE RENARD ROUX ▶

Ce chasseur nocturne opportuniste possède une ouïe, une vue et un odorat très aiguisés. Ses oreilles lui permettent d'entendre ce qu'il se passe dans l'herbe. Ses yeux sont tapissés d'une membrane réflective qui améliore sa vision nocturne et produit un reflet vert caractéristique.

LE GALAGO DU SÉNÉGAL ▶

Le galago, actif la nuit, saute de branche en branche dans la forêt africaine. Ses immenses yeux lui permettent de voir dans la quasi-obscurité. Grâce à ses grandes oreilles mobiles, il repère avec précision les insectes volants et les saisit au vol de ses doigts robustes préhensiles.

LE TYPHLOMOLGE ▶

La vue n'est pas un sens essentiel lorsque l'on vit dans une grotte. Les yeux du typhlomolge, salamandre vivant dans des cavernes immergées, sont réduits à deux petits points noirs. Grand prédateur, il localise les crevettes et autres invertébrés grâce au toucher.

103

Les écosystèmes

Au sein d'un écosystème, animaux, plantes, organismes et environnement sont interdépendants. La forêt tropicale est l'écosystème le plus riche de la planète. Située à proximité de l'équateur, elle est chaude et humide. Sa couverture végétale nourrit les herbivores qui nourrissent, à leur tour, les carnivores. Un écosystème de forêt pluviale sud-américaine, avec quelques-uns de ses animaux, est décrit ici.

❶ **La roussette** vole d'arbre en arbre, à la recherche de fruits sucrés et mûrs.

❷ *Dryas iulia*, un papillon, se nourrit de nectar de fleur.

❸ **L'aigle harpie** vole au-dessus de la canopée et fond sur les singes, les serpents et autres proies.

❹ **Le toucan** utilise son long bec coloré pour atteindre les fruits.

❺ **L'alouate** se nourrit de feuilles et vit en groupe. Son cri peut être entendu de très loin.

❻ **Le tamandua**, un fourmilier, utilise sa longue langue gluante pour attraper fourmis et termites.

❼ **L'ara macao** se sert de son bec incurvé pour ouvrir fruits et noix.

❽ **Le morpho bleu** se nourrit des sucs de fruits trop mûrs.

❾ **Le kinkajou**, un mammifère, s'accroche aux branches à l'aide de sa queue préhensile.

❿ **Le colibri-ermite** se nourrit du nectar des fleurs de sous-étage.

⓫ **La rainette arboricole** se plaît dans cet environnement humide, où elle se nourrit d'insectes.

⓬ **L'iguane vert** mange des feuilles et des fruits.

⓭ **La vipère de Schlegel**, très venimeuse, traque grenouilles, lézards et petits oiseaux.

⓮ **Le tapir d'Amérique du Sud** se nourrit d'herbe, de feuilles, de jeunes pousses et de petites branches.

⓯ *Phoneutria nigriventer* est une araignée agressive et très venimeuse. Elle chasse des insectes, des lézards et des souris.

⓰ **Le dynaste hercule** parcourt le sol de la forêt en quête de fruits en décomposition.

⓱ **Le mille-pattes géant** mange des insectes, des lézards et des petits oiseaux.

⓲ **L'agouti**, un rongeur, se nourrit de fruits tombés au sol, de feuilles et de racines.

⓳ **Le jaguar**, grand prédateur, se nourrit notamment de tapirs et de cerfs.

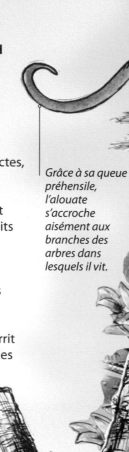

Grâce à sa queue préhensile, l'alouate s'accroche aisément aux branches des arbres dans lesquels il vit.

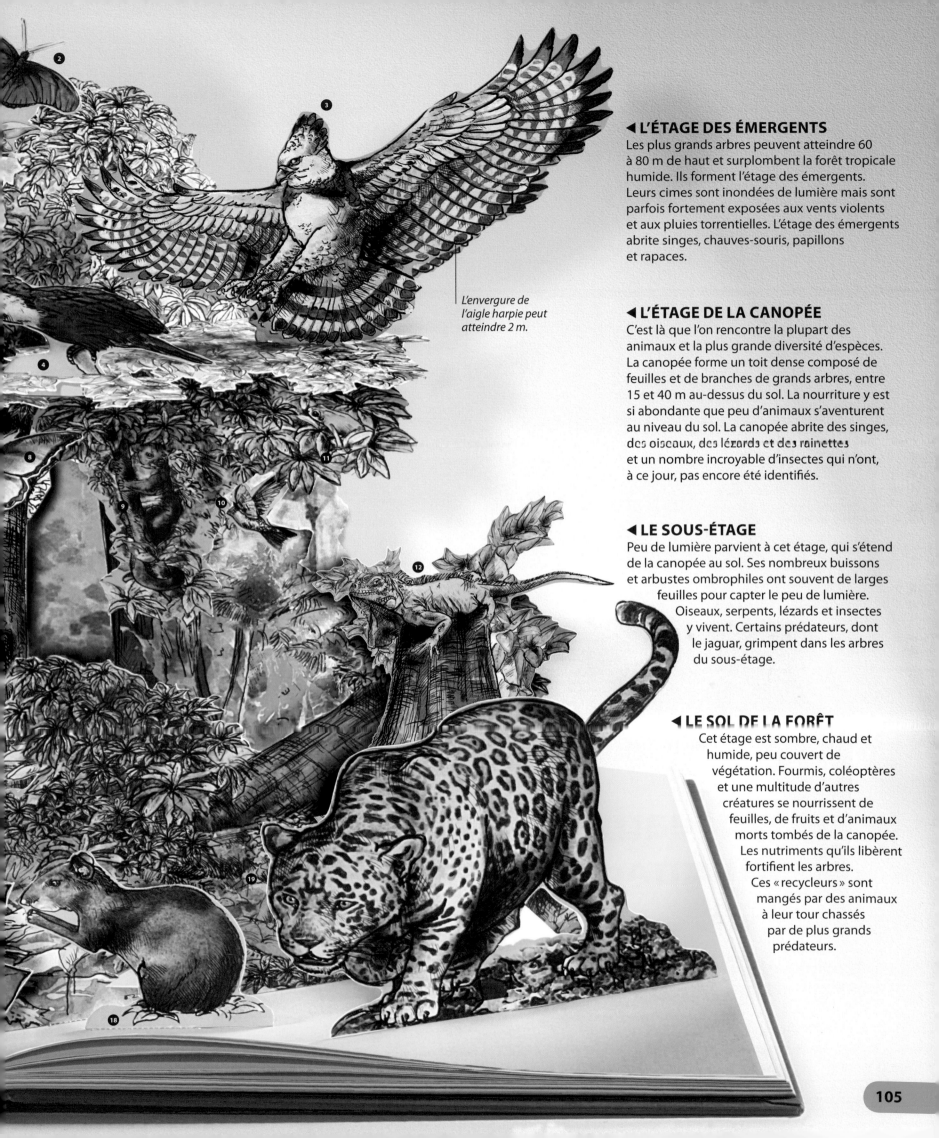

◀ L'ÉTAGE DES ÉMERGENTS

Les plus grands arbres peuvent atteindre 60 à 80 m de haut et surplombent la forêt tropicale humide. Ils forment l'étage des émergents. Leurs cimes sont inondées de lumière mais sont parfois fortement exposées aux vents violents et aux pluies torrentielles. L'étage des émergents abrite singes, chauves-souris, papillons et rapaces.

L'envergure de l'aigle harpie peut atteindre 2 m.

◀ L'ÉTAGE DE LA CANOPÉE

C'est là que l'on rencontre la plupart des animaux et la plus grande diversité d'espèces. La canopée forme un toit dense composé de feuilles et de branches de grands arbres, entre 15 et 40 m au-dessus du sol. La nourriture y est si abondante que peu d'animaux s'aventurent au niveau du sol. La canopée abrite des singes, des oiseaux, des lézards et des rainettes et un nombre incroyable d'insectes qui n'ont, à ce jour, pas encore été identifiés.

◀ LE SOUS-ÉTAGE

Peu de lumière parvient à cet étage, qui s'étend de la canopée au sol. Ses nombreux buissons et arbustes ombrophiles ont souvent de larges feuilles pour capter le peu de lumière. Oiseaux, serpents, lézards et insectes y vivent. Certains prédateurs, dont le jaguar, grimpent dans les arbres du sous-étage.

◀ LE SOL DE LA FORÊT

Cet étage est sombre, chaud et humide, peu couvert de végétation. Fourmis, coléoptères et une multitude d'autres créatures se nourrissent de feuilles, de fruits et d'animaux morts tombés de la canopée. Les nutriments qu'ils libèrent fortifient les arbres. Ces « recycleurs » sont mangés par des animaux à leur tour chassés par de plus grands prédateurs.

Orque

Baleine franche australe

Bouche grande ouverte pour filtrer de vastes quantités de krill

Léopard de mer

Phoque crabier

Grâce à ses nageoires, le manchot nage avec habileté et célérité lorsqu'il poursuit ses proies dans l'eau.

Manchot

Poisson

Krill

Les réseaux trophiques

Dans les eaux glaciales de l'Antarctique, des micro-organismes végétaux utilisent l'énergie du Soleil pour se développer. Ils sont mangés par de petits crustacés, le krill, à leur tour mangés par les baleines. C'est l'une des nombreuses chaînes alimentaires qui, ensemble, forment un réseau trophique reliant toutes les espèces d'un écosystème. Tout écosystème, récif corallien, forêt ou désert, dispose de son propre réseau trophique.

Phytoplancton

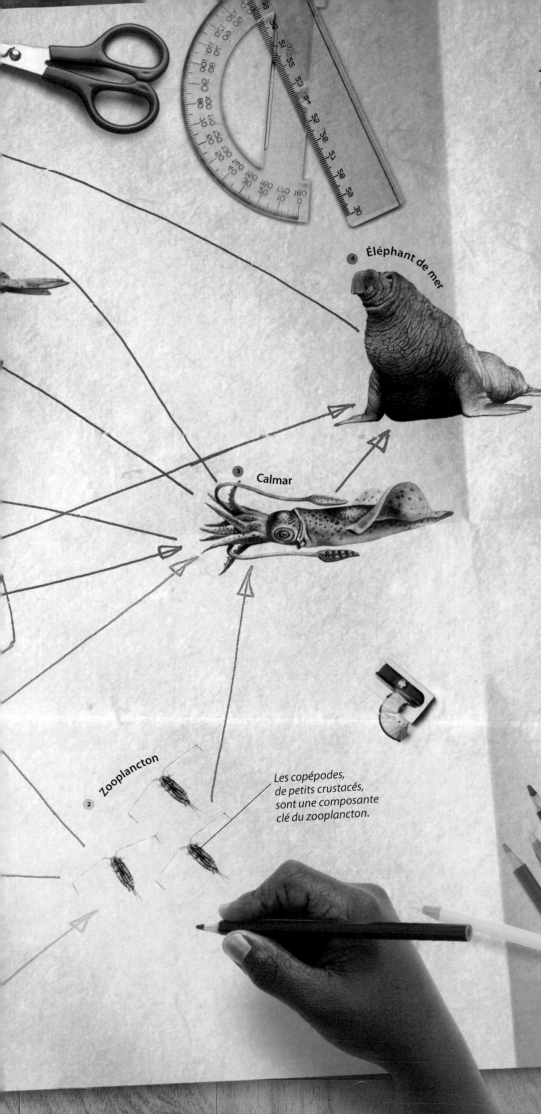

◄ COMMENT FONCTIONNE UN RÉSEAU TROPHIQUE ?

Ce réseau permet de voir, d'un seul coup d'œil, qui mange qui au sein d'un écosystème. Dans chacune des chaînes alimentaires qui composent le réseau, des flèches indiquent le sens dans lequel circule l'énergie lorsqu'un organisme en consomme un autre. Il y a cependant déperdition d'énergie à chaque étape.

① LES PRODUCTEURS

Le point de départ de tout réseau alimentaire est un producteur : un organisme vivant qui utilise l'énergie solaire pour se développer selon le processus dit de photosynthèse. En Antarctique, les producteurs sont de microscopiques organismes végétaux qui flottent dans les eaux de surface éclairées. Ce phytoplancton apporte aux autres espèces l'énergie dont elles ont besoin.

② LES CONSOMMATEURS PRIMAIRES

Contrairement aux producteurs, les consommateurs primaires ne peuvent pas produire leur propre nourriture. Ils survivent en mangeant les producteurs, en l'occurrence le phytoplancton. Zooplancton et krill font partie des consommateurs primaires.

③ LES CONSOMMATEURS SECONDAIRES

Le phoque crabier, malgré son nom, se nourrit de krill qu'il filtre à l'aide de dents particulières. Avec les pingouins, les poissons et les calmars qui supportent le froid, ils constituent les consommateurs secondaires – qui se nourrissent de consommateurs primaires. Ces catégories ne sont toutefois qu'indicatives, les consommateurs appartenant souvent à plusieurs chaînes au sein desquelles ils occupent différents niveaux.

④ LES CONSOMMATEURS TERTIAIRES

Dans une chaîne, un animal mangé ne transmet que 10 % environ de l'énergie qu'il a reçue des organismes qu'il a ingérés. Le reste est consommé par ses mouvements, le fonctionnement de son corps ou la production de chaleur. Chaque niveau soutient donc un nombre inférieur d'individus. Le niveau des consommateurs tertiaires est ici occupé par les éléphants de mer.

⑤ LES PRÉDATEURS SUPRÊMES

Les orques et les léopards de mer sont les prédateurs et les consommateurs suprêmes de cette chaîne alimentaire de l'Antarctique. Ils sont comparables aux lions dans la savane et chassent de multiples proies. Ils n'ont aucun prédateur naturel – même si les orques mangent des léopards de mer –, ce qui définit la limite supérieure du réseau trophique.

Éléphant de mer

Calmar

Zooplancton

Les copépodes, de petits crustacés, sont une composante clé du zooplancton.

Les temps de repos

Un animal se développe bien lorsqu'il dispose de nourriture, d'eau et de chaleur. Or son environnement peut radicalement changer avec les saisons ou bien entre le jour et la nuit, notamment dans les régions tempérées ou froides. Pour survivre à des conditions moins favorables, froid extrême ou manque d'eau ou de nourriture, certaines espèces entrent dans des phases de repos, telles que l'hibernation, la torpeur ou l'estivation. Moins actifs, les animaux préservent ainsi leur précieuse énergie.

❶ LA CRYPTOBIOSE

Les tardigrades sont des créatures microscopiques qui vivent dans l'eau. Si leur environnement s'assèche, ils se recroquevillent et suspendent toute activité vitale. Ils peuvent rester dans cet état de non-vie pendant des dizaines, voire des centaines d'années et revenir à la vie lorsque l'eau revient.

Tardigrade

Colibri

Ses ailes battent si vite que l'oiseau passe sa journée à chercher du nectar, sa source d'énergie.

Ours noir

Crapaud de désert

❷ L'ESTIVATION

Version estivale de l'hibernation, l'estivation est pratiquée par quelques animaux dans les pays chauds. Certains escargots ferment leur coquille d'un opercule et tombent en état d'inactivité. Des crapauds de désert s'enfouissent pour survivre et ne sortent pour pondre qu'au retour de la pluie.

❸ LA DORMANCE HIVERNALE

À l'automne, de nombreux ours entrent dans un état de repos appelé torpeur, lors duquel rythmes cardiaque et respiratoire baissent considérablement. Dans les mois qui précèdent, ils mangent goulûment pour constituer des réserves de graisse. Les ours léthargiques dorment dans une tanière, un arbre creux ou une grotte, mais se réveillent aisément.

❹ LE SOMMEIL DES REPTILES

Les reptiles des régions froides, tels que le serpent-jarretière à flancs rouges, entrent dans une dormance hivernale ou brumation. Les serpents se rassemblent dans un abri et deviennent léthargiques au fur et à mesure que la température descend. La chaleur du printemps les réveille.

En raison de sa taille, la marmotte hiberne dans un terrier en hiver.

Marmotte

6
Piéride du chou

5
Hérisson

Murin de Daubenton **7**

Serpents-jarretières à flancs rouges

7 LA TORPEUR JOURNALIÈRE

De petits animaux, tels que colibris et chauves-souris, se reposent quotidiennement. Le colibri a une température corporelle constante la journée. La nuit, au repos, sa température baisse, ce qui lui permet d'économiser de l'énergie. La chauve-souris fait de même, excepté qu'elle entre en état de torpeur la journée et se réveille la nuit pour chasser les insectes.

6 LA DIAPAUSE

Les insectes, tels que les papillons, connaissent plusieurs stades de développement. Ces stades peuvent être retardés pour donner à l'insecte de meilleures chances de survie. Il s'agit de la diapause. Si une piéride du chou pond à la fin de l'été, le développement s'arrête au stade de la nymphe pendant l'hiver et reprend au printemps.

Le tamia rayé mange beaucoup avant d'hiberner et conserve aussi des aliments dans son terrier.

Tamia rayé

5 L'HIBERNATION

Les mammifères sont endothermes (à sang chaud) et doivent manger régulièrement pour conserver leur température corporelle. En hiver, les petits mammifères tels que marmottes, hérissons, tamias rayés et chauves-souris n'ont pas assez de nourriture et se refroidissent rapidement. Pour survivre, ils s'abritent et entrent en hibernation, leur température corporelle et leur rythme cardiaque baissant considérablement.

Une coquille dure protège l'escargot lors de l'estivation.

Escargots géants

AMÉRIQUE
DU NORD

① LE BEC-CROISÉ DES SAPINS

Présents dans les forêts septentrionales d'Amérique du Nord et d'Europe, les becs-croisés des sapins se nourrissent de graines de conifères. Les années de pénurie, ils se déplacent en masse vers le sud en quête de nourriture.

② LA BALEINE GRISE

À l'automne, les baleines grises quittent les eaux poissonneuses de l'Arctique pour les eaux plus chaudes du golfe de Californie, où les femelles mettent bas au printemps.

④ L'ANGUILLE COMMUNE

Naissant dans l'ouest de l'océan Atlantique, les jeunes anguilles partent vers l'est, pour les rivières européennes, au terme d'un voyage pouvant durer parfois trois ans. Elles font le chemin en sens inverse pour se reproduire.

③ LA LANGOUSTE

Les langoustes des Caraïbes vivent dans les récifs coralliens mais migrent à l'automne vers des eaux plus profondes pour éviter le froid. Elles se déplacent ensemble, l'une derrière l'autre.

AMÉRIQUE
DU SUD

⑤ LA TORTUE VERTE

Tous les trois ans environ, ces reptiles marins quittent les herbiers des côtes brésiliennes pour rejoindre l'île de l'Ascension, à quelque 4 000 km de distance, afin de s'accoupler et de se reproduire.

La migration

Si de nombreux animaux ne quittent jamais leur habitat, d'autres migrent régulièrement pour ne pas souffrir du froid ou de la chaleur, pour trouver de quoi manger ou bien pour se reproduire. Le trajet peut être bref, comme celui du crapaud commun, ou très long. La migration coïncide souvent avec un changement de saison. Elle peut durer, comme dans le cas de l'anguille, toute la vie.

ASIE

EUROPE

7 LE BOUQUETIN
Grimpeur hors pair, cette chèvre
des montagnes très agile vit
en altitude l'été mais redescend
lors des mois d'hiver, lorsque
la nourriture se fait plus rare.

10 LE CRAPAUD COMMUN
Adulte, le crapaud commun
passe le plus clair de son temps
sur terre. Mais chaque année,
lorsqu'il sort de son hibernation,
il regagne par le même chemin
le point d'eau où il a éclos afin
de se reproduire.

8 LE MARTINET NOIR
Excellent voilier, le martinet
passe l'hiver en Afrique, où il se
nourrit d'insectes qu'il attrape
en vol. En avril, il gagne l'Europe
pour s'y reproduire en été,
avant de repartir pour l'Afrique
à l'automne.

AFRIQUE

9 LE GNOU BLEU
Lors de la plus grande migration
de mammifères sur Terre,
1,5 million de gnous suivent
un parcours triangulaire dans
la savane africaine en quête
d'eau et de pâturages.
En chemin, nombre d'entre eux
sont dévorés par les guépards,
les hyènes, les crocodiles
et autres prédateurs.

AUSTRALIE

6 LA STERNE ARCTIQUE
Cet étonnant oiseau de mer
parcourt près de 40 000 km
chaque année. Il se reproduit
en Arctique lors des longues
journées estivales. À l'approche
de l'automne, il part pour
l'Antarctique où l'été austral
vient de commencer.

11 LE BOGONG
Communs dans le sud de
l'Australie, les bogongs échappent
à la chaleur en volant par millions
vers les Alpes australiennes,
où ils apprécient la fraîcheur des
crevasses et grottes. À l'automne,
ils migrent vers les prairies
pour pondre.

ANTARCTIQUE

111

LE POISSON DES GLACES ▶

En plus de protéines antigel qui l'empêchent de geler, le poisson des glaces a un sang peu épais et transparent qui circule aisément dans le froid.

Morue polaire

LES EAUX GLACIALES ▶

Les poissons sont ectothermes (à sang froid). Leur température intérieure est égale à la température extérieure. Dans les eaux glaciales, les poissons gèleraient. Or certains, dont la morue polaire, survivent. Des protéines antigel empêchent la formation de cristaux de glace afin que leur sang et les autres fluides corporels restent liquides.

La vie dans les milieux extrêmes

Lorsqu'il fait chaud, qu'il y a de l'eau et de la nourriture, les animaux pullulent. Il n'en va pas de même dans les déserts secs et brûlants, au fond des océans ou bien dans les pôles glaciaux, où les conditions sont fatales à la plupart des espèces. Toutefois, certains y survivent. Ils se sont adaptés à une vie extrême, par exemple, en n'ayant pas besoin de boire, en étant résistants à la pression énorme des abysses ou encore en étant extrêmement bien protégés contre le froid mordant.

Lycode

Crabe blanc

◀ SOUS PRESSION

Au plus profond des océans, les animaux supportent une pression qui écraserait un homme. Parce qu'il a une cage thoracique souple et que ses poumons se compriment, le cachalot survit à des plongées à 3 000 m de profondeur.
Le grandgousier, un poisson pélagique, produit une lumière pour leurrer ses proies et à une grande bouche pour les attraper.

Grandgousier

Ver tubicole

LES CHEMINÉES HYDROTHERMALES ▶

Au fond de l'océan, des cheminées hydrothermales recrachent de l'eau très chaude, riche en minéraux. Des bactéries, très résistantes, puisent leur énergie dans les substances chimiques de ces eaux et des sucres dont se nourrissent les vers tubicoles et les crabes, à leur tour mangés par tubicoles et les crabes, parmi lesquels figure la lycode.

Cachalot

Renard polaire

Manchots empereurs

Grenouille des bois ▲

Gerboise

Dromadaire

LE FROID SUR TERRE ▲

L'épaisse fourrure du renard polaire et sa graisse lui permettent d'endurer des températures aussi basses que -40 °C. Des conditions que les manchots empereurs supportent aussi lorsqu'ils couvent. Lors des hivers canadiens, les grenouilles de bois gèlent puis dégèlent au printemps.

LA CHALEUR DU DÉSERT ▶

Certains animaux vivent très bien dans le désert. La gerboise s'abrite la journée dans un terrier à partir de la chaleur caniculaire du désert. La gerboise ne boit pas, elle a besoin. et sort la nuit pour manger des graines dont elle extrait l'eau de très fortes desquelles elle supporte plusieurs chaleurs et se passent d'eau pendant quelques semaines, se réhydratant ensuite en quelques minutes. Les dromadaires supportent aussi

LE CYPRIN DU DÉSERT ▲

Peuplant les sources du désert du sud-ouest de l'Amérique du Nord, ce petit poisson supporte très bien les conditions difficiles. Il survit dans une eau six fois plus salée que la mer et qui atteint 45 °C.

Les partenariats

Survivre chaque jour est un dur labeur pour de nombreux animaux. Certains améliorent leurs chances en créant des partenariats. La symbiose, terme qui décrit cette relation, prend diverses formes, notamment le mutualisme et le commensalisme. Le mutualisme est une association qui profite aux deux partenaires, le commensalisme ne profite qu'à un seul. C'est le cas de l'aurin avec le concombre de mer.

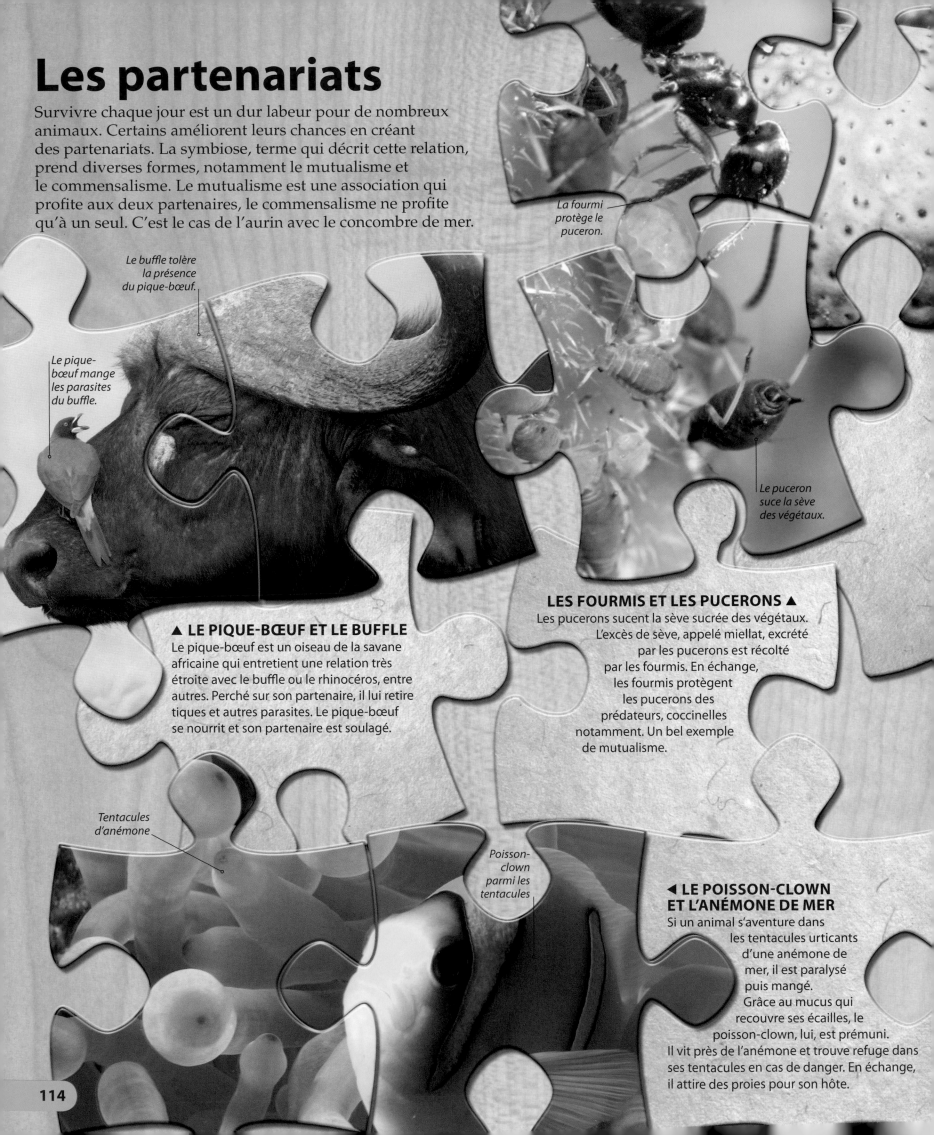

La fourmi protège le puceron.

Le buffle tolère la présence du pique-bœuf.

Le pique-bœuf mange les parasites du buffle.

Le puceron suce la sève des végétaux.

▲ LE PIQUE-BŒUF ET LE BUFFLE

Le pique-bœuf est un oiseau de la savane africaine qui entretient une relation très étroite avec le buffle ou le rhinocéros, entre autres. Perché sur son partenaire, il lui retire tiques et autres parasites. Le pique-bœuf se nourrit et son partenaire est soulagé.

LES FOURMIS ET LES PUCERONS ▲

Les pucerons sucent la sève sucrée des végétaux. L'excès de sève, appelé miellat, excrété par les pucerons est récolté par les fourmis. En échange, les fourmis protègent les pucerons des prédateurs, coccinelles notamment. Un bel exemple de mutualisme.

Tentacules d'anémone

Poisson-clown parmi les tentacules

◄ LE POISSON-CLOWN ET L'ANÉMONE DE MER

Si un animal s'aventure dans les tentacules urticants d'une anémone de mer, il est paralysé puis mangé. Grâce au mucus qui recouvre ses écailles, le poisson-clown, lui, est prémuni. Il vit près de l'anémone et trouve refuge dans ses tentacules en cas de danger. En échange, il attire des proies pour son hôte.

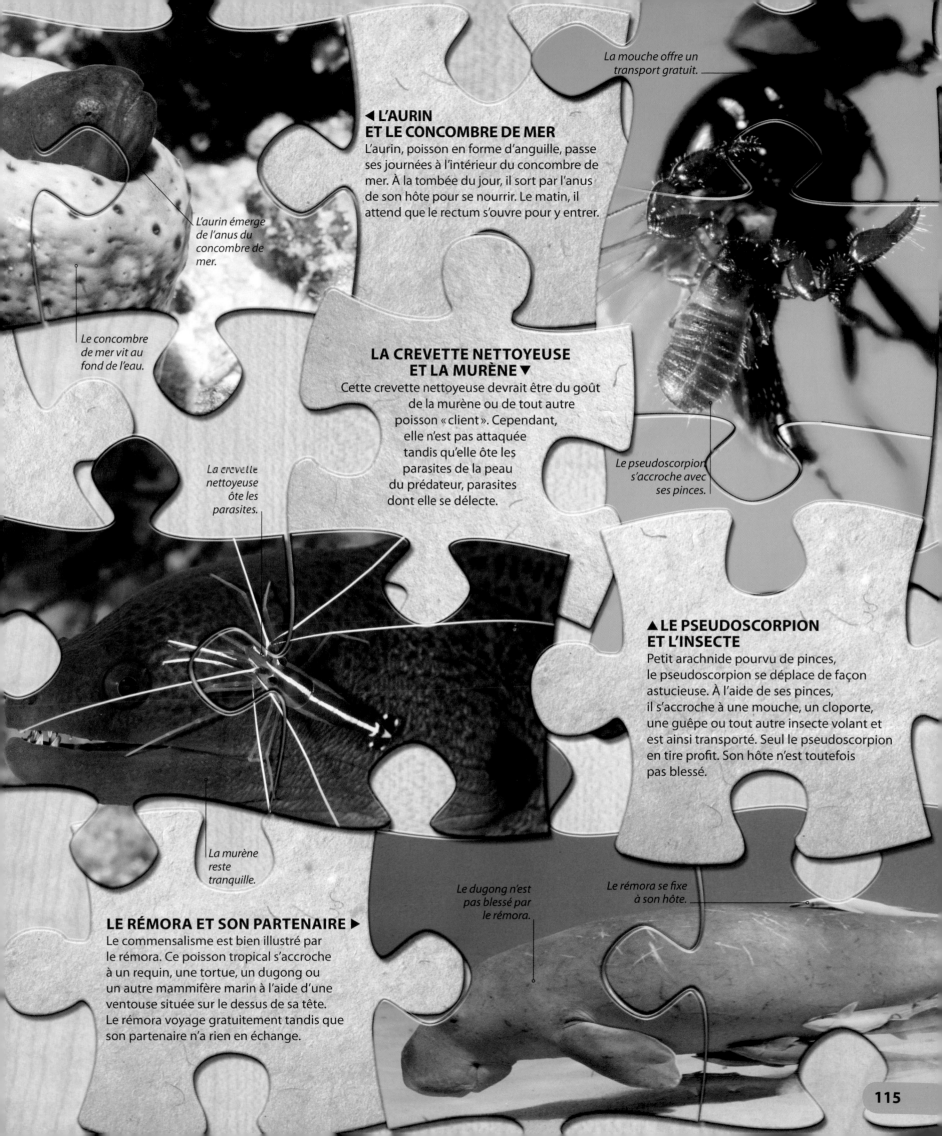

La mouche offre un transport gratuit.

◄ L'AURIN
ET LE CONCOMBRE DE MER
L'aurin, poisson en forme d'anguille, passe ses journées à l'intérieur du concombre de mer. À la tombée du jour, il sort par l'anus de son hôte pour se nourrir. Le matin, il attend que le rectum s'ouvre pour y entrer.

L'aurin émerge de l'anus du concombre de mer.

Le concombre de mer vit au fond de l'eau.

LA CREVETTE NETTOYEUSE
ET LA MURÈNE ▼
Cette crevette nettoyeuse devrait être du goût de la murène ou de tout autre poisson « client ». Cependant, elle n'est pas attaquée tandis qu'elle ôte les parasites de la peau du prédateur, parasites dont elle se délecte.

Le pseudoscorpion s'accroche avec ses pinces.

La crevette nettoyeuse ôte les parasites.

▲ LE PSEUDOSCORPION
ET L'INSECTE
Petit arachnide pourvu de pinces, le pseudoscorpion se déplace de façon astucieuse. À l'aide de ses pinces, il s'accroche à une mouche, un cloporte, une guêpe ou tout autre insecte volant et est ainsi transporté. Seul le pseudoscorpion en tire profit. Son hôte n'est toutefois pas blessé.

La murène reste tranquille.

Le dugong n'est pas blessé par le rémora.

Le rémora se fixe à son hôte.

LE RÉMORA ET SON PARTENAIRE ▶
Le commensalisme est bien illustré par le rémora. Ce poisson tropical s'accroche à un requin, une tortue, un dugong ou un autre mammifère marin à l'aide d'une ventouse située sur le dessus de sa tête. Le rémora voyage gratuitement tandis que son partenaire n'a rien en échange.

Paroi de papier ultrafine en bois mâché

Ouvrière revenant de sa quête de nourriture

Les colonies

Dans le règne animal, de nombreuses espèces vivent en groupes sociaux, ou colonies. Les colonies les mieux organisées sont celles d'insectes comme la fourmi, l'abeille et la guêpe. Chaque individu appartient à une caste, ou classe, au rôle bien défini, comme chercher la nourriture ou alimenter les jeunes. Chaque colonie – ici, des guêpes – est dominée par une reine.

❶ LES CASTES

Pendant l'essentiel de sa durée de vie, un nid ne contient que deux castes : la reine et les ouvrières. La reine pond des œufs et dirige la colonie. Les ouvrières remplissent des tâches diverses comme construire et réparer le nid, rapporter la nourriture, alimenter les larves et défendre le nid contre les envahisseurs. À la fin de l'été, les plus grosses larves se transforment en mâles ou en nouvelles reines et quittent le nid pour se reproduire. Les mâles meurent rapidement, mais les jeunes reines cherchent un abri et hibernent. La vieille colonie meurt et son nid est désormais vide.

❸ LE NID

Cette coupe montre la structure d'un nid de guêpes. Au printemps, une reine solitaire commence la construction en mélangeant des fibres de bois avec sa salive pour obtenir une sorte de papier. Quand les premières ouvrières éclosent, elles prennent le relais et bâtissent les alvéoles qui abriteront d'autres œufs. À l'été, le nid est entièrement terminé.

❷ LA REINE

Lorsque la jeune reine sort d'hibernation, au printemps, elle est prête à être fécondée par les mâles de la colonie. Elle trouve d'abord un lieu adapté, puis elle construit un petit rayon d'alvéoles où elle pond ses œufs. Les ouvrières femelles, qui naissent stériles, poursuivent la construction du nid pendant que la reine continue de pondre. La reine sécrète des substances chimiques, les phéromones, qui empêchent les ouvrières de devenir des reines et lui permettent de contrôler leur comportement afin qu'elles remplissent leurs diverses tâches.

❹ LES ALVÉOLES

Ces alvéoles hexagonales (à six côtés) constituent de remarquables exemples d'architecture animale. Bien qu'elles soient en papier, comme le reste du nid, leur forme les rend extrêmement solides. La forme hexagonale du nid permet de loger un grand nombre d'alvéoles. La reine et les ouvrières savent instinctivement construire le nid et ses alvéoles.

❺ LES LARVES

La reine pond dans chaque alvéole un seul œuf qui éclôt en larve. La larve grandit rapidement grâce aux chenilles et autres insectes prémâchés dont les ouvrières la nourrissent. Lorsque sa croissance est terminée, elle tisse un bouchon en soie pour fermer son alvéole et devient une pupe. Au bout de quelques jours, une ouvrière prête à travailler sort de l'alvéole.

Les parasites

Dans une association parasitique, un animal – le parasite –
exploite un autre – l'hôte – pour se procurer nourriture ou abri,
ou se reproduire. Les endoparasites (douve, ver solitaire…)
vivent dans leur hôte, alors que les ectoparasites (pou, tique,
mite…) restent à l'extérieur. Parmi les autres types de parasites,
on compte les guêpes parasites et les parasites de couvée
comme le coucou.

LE POU ▶

Cet insecte sans ailes
(grossi et en fausses
couleurs sur cette image)
vit dans les cheveux
humains, auxquels il
s'accroche si bien avec
ses pattes avant qu'il
n'est même pas délogé
lors d'un brossage ou
d'un shampoing. Quand
il descend sur le cuir
chevelu, il perce la peau
avec ses pièces buccales
et suce le sang, ce qui
cause des démangeaisons.

▲ LE COUCOU

La femelle du coucou parasite le nid d'autres espèces
d'oiseaux en y pondant un œuf. Après l'éclosion,
l'oisillon pousse les autres œufs hors du nid et,
se retrouvant au centre de toutes les attentions
de ses parents « adoptifs », grandit rapidement.

◀ LE PARASITOÏDE

Un parasitoïde est un animal
qui pond ses œufs sur
ou dans un hôte vivant.
Nourriture des larves qui
viennent d'éclore, l'hôte
meurt. Sur cette photo,
des larves de guêpe
sortent d'une chenille
morte.

LA LAMPROIE ▶

Ce poisson sans mâchoires est
un ectoparasite de la truite,
du saumon et autres poissons.
Avec sa bouche en forme
de ventouse et sa rangée de
petites dents pointues,
il saisit ses proies par le côté.
Sa langue râpeuse perce
un trou dans la proie et aspire
le sang et les tissus.

▲ LA LARVE D'ŒSTRE

L'œstre pond ses œufs sur
la peau de mammifères.
Une fois les œufs éclos, les
larves pénètrent dans la peau
de l'hôte, où elles grandissent
jusqu'à ressembler à de gros
vers. Elles remontent alors à
la surface, se laissent tomber
au sol et se transforment en
pupe qui évoluera en mouche
adulte.

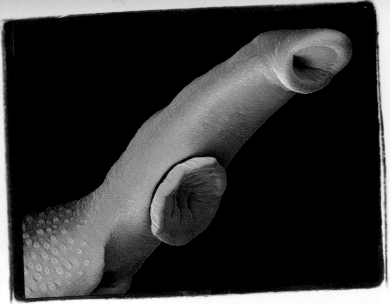

◀ LA DOUVE DU SANG

Ce ver plat extrêmement spécialisé vit dans les vaisseaux sanguins entourant la vessie ou les intestins humains. Fixés dans l'hôte par les ventouses du mâle (à gauche), le mâle et la femelle produisent des millions d'œufs qui peuvent sortir du corps et infecter d'autres hôtes.

L'ISOPODE ▶

Certains membres de ce groupe de crustacés sont des ectoparasites du poisson. Ils se fixent sur la peau entourant les yeux, la bouche ou les ouïes de l'hôte, la «grignotent» et se nourrissent du sang et des tissus. Le poisson infecté nage moins efficacement. D'autres isopodes ne sont pas de vrais parasites : ils ne se fixent pas et se nourrissent des résidus d'aliments.

▲ LA TIQUE

Ce suceur de sang perce la peau de l'hôte (ici, une grenouille) à l'aide de ses pièces buccales crochues. Celles-ci maintiennent la tique en place pendant des heures et des jours à mesure qu'elle se remplit de sang et gonfle. Lorsqu'elle est engorgée, elle tombe de l'hôte et digère son repas.

LE VER SOLITAIRE, OU TÉNIA ▶

Ce ver s'accroche à l'intestin de son hôte par les crochets et les ventouses de son scolex, la tête. Le ténia peut atteindre plus de 10 m de longueur. Dépourvu de bouche, il absorbe sa nourriture à travers sa peau.

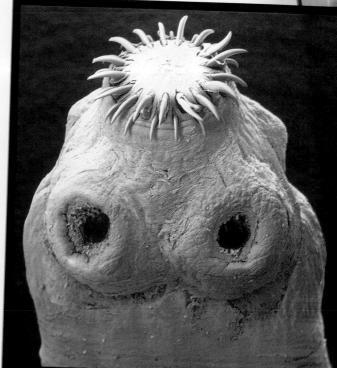

◀ LA MITE

Comme la tique, la mite est un parent de l'araignée. Certaines parasitent des invertébrés ou des vertébrés. Cette masse de mites parasites grouillant sur le dos d'un insecte aspire les tissus de l'animal.

Les espèces intruses

Les animaux qui vivent ensemble dans un habitat donné ont évolué de façon à assurer leur équilibre numérique. Mais si des espèces intruses sont introduites dans leur milieu, accidentellement ou volontairement, cela peut détruire cet équilibre. Si les intrus n'ont pas de prédateurs et trouvent suffisamment de nourriture, ils se multiplient de façon incontrôlable causant alors la disparition des espèces naturelles. Les cinq exemples d'intrus donnés dans cette double page comptent parmi les plus invasifs du monde.

▲ L'HERMINE

Petit mais féroce, ce prédateur a été introduit en Nouvelle-Zélande à la fin des années 1880 pour réduire le nombre de lapins, espèce également introduite. Mais ces chasseurs actifs mangent aussi des œufs et des oisillons et ont un effet dévastateur sur les espèces d'oiseaux, surtout le kiwi.

▲ LE CRABE CHINOIS À MITAINE

Tenant son nom de ses pinces très poilues, ce crabe est arrivé en Europe et aux États-Unis par bateau. Il vit en eau douce et se reproduit à une vitesse incroyable. Comme il mange pratiquement de tout, il décime les populations d'animaux endémiques et, de plus, érode les berges des cours d'eau en y creusant des terriers.

▲ LE CRAPAUD-BUFFLE

Ce gros crapaud d'Amérique du Sud
a été introduit en Australie en 1935
pour contrôler les insectes nuisibles.
Sa peau sécrète un poison dangereux
pour les animaux domestiques trop
curieux. Comme son alimentation
est très variée (serpents, grenouilles,
mammifères…), il a causé le déclin
de nombreuses espèces endémiques.

▲ LE LAPIN

Seulement 24 lapins ont été introduits
en Australie en 1859, mais ils se sont
rapidement comptés par millions,
car ils se reproduisent très vite.
Concurrents des herbivores locaux pour
la nourriture, ils en ont fait disparaître
un grand nombre. De plus, en mangeant
les végétaux, ils ont causé une grave
érosion des sols.

▲ L'EUGLANDINE

Ce prédateur a été introduit à Tahiti
et sur les îles alentour dans les années
1970 pour contrôler une autre espèce
introduite, l'escargot géant d'Afrique.
Mais au lieu de s'attaquer à lui, il s'en
est pris à des espèces d'escargots locales.
La plupart ont désormais disparu et celles
qui restent sont désormais menacées.

Les nouvelles races

Les espèces sauvages se transforment avec le temps selon un processus appelé évolution. Cette évolution se fait par sélection naturelle : dans un habitat donné, les animaux les mieux adaptés ont plus de chances que les autres de survivre assez longtemps pour se reproduire et transmettre leurs caractéristiques à une nouvelle génération. Depuis des millénaires, l'homme pratique la sélection artificielle pour produire de nouvelles races répondant à ses besoins : la modification génétique en est la forme la plus récente.

Chat ganté

Chat persan

Par croisement, la figure s'est aplatie.

Aurochs

Loup gris

▲ LE CHAT
Quand l'agriculture s'est développée au Moyen-Orient et en Égypte voici plus de 8 000 ans, les récoltes stockées étaient dévastées par des rongeurs comme les rats et les souris. Les fermiers ont donc domestiqué des chats sauvages pour s'en débarrasser. Par la suite, on a créé par croisements les races de chat que l'on connaît aujourd'hui.

Chihuahua

Coquelet domestique

Coq doré

▲ LE CHIEN
Du danois au chihuahua, toutes les races de chien descendent du loup, premier animal domestiqué par l'homme, il y a environ 13 000 ans. Au début, le chien servait à la chasse, puis il a été croisé pour obtenir différentes races afin d'aider l'homme dans son travail ou comme animal de compagnie.

▲ LE POULET
Ancêtre du poulet, le coq doré des forêts du Sud-Est asiatique a été domestiqué voici environ 8 000 ans. Après l'avoir élevé pour ses œufs et sa viande, l'homme l'a croisé pour créer de nouvelles races.

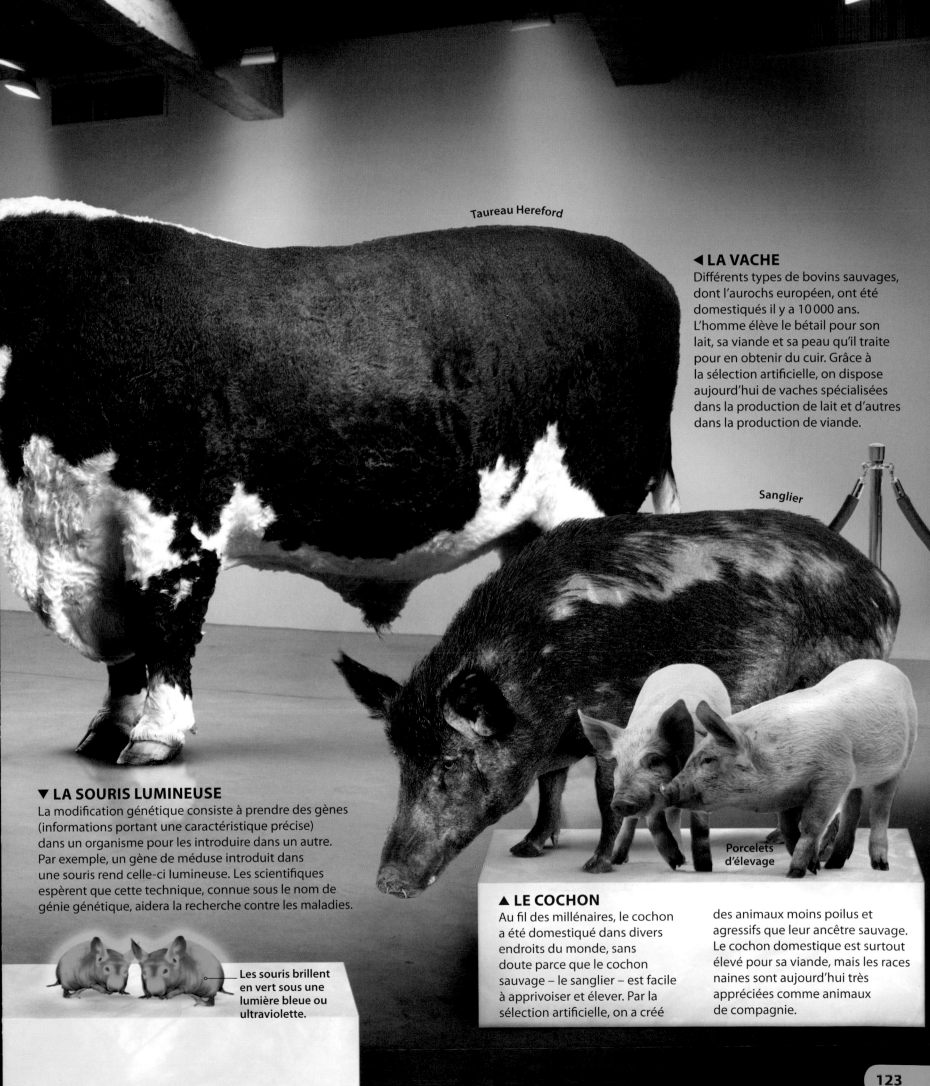

Taureau Hereford

◀ LA VACHE

Différents types de bovins sauvages, dont l'aurochs européen, ont été domestiqués il y a 10 000 ans. L'homme élève le bétail pour son lait, sa viande et sa peau qu'il traite pour en obtenir du cuir. Grâce à la sélection artificielle, on dispose aujourd'hui de vaches spécialisées dans la production de lait et d'autres dans la production de viande.

Sanglier

▼ LA SOURIS LUMINEUSE

La modification génétique consiste à prendre des gènes (informations portant une caractéristique précise) dans un organisme pour les introduire dans un autre. Par exemple, un gène de méduse introduit dans une souris rend celle-ci lumineuse. Les scientifiques espèrent que cette technique, connue sous le nom de génie génétique, aidera la recherche contre les maladies.

Porcelets d'élevage

Les souris brillent en vert sous une lumière bleue ou ultraviolette.

▲ LE COCHON

Au fil des millénaires, le cochon a été domestiqué dans divers endroits du monde, sans doute parce que le cochon sauvage – le sanglier – est facile à apprivoiser et élever. Par la sélection artificielle, on a créé des animaux moins poilus et agressifs que leur ancêtre sauvage. Le cochon domestique est surtout élevé pour sa viande, mais les races naines sont aujourd'hui très appréciées comme animaux de compagnie.

Glossaire

ABDOMEN
Partie du corps contenant les organes de reproduction et de digestion. C'est la partie postérieure des insectes, des crustacés et des arachnides.

AMPHIBIEN
Vertébré ectotherme, comme la grenouille et le triton, qui vit à la fois dans l'eau et sur la terre ferme.

ANNÉLIDE
Type de ver, comme le ver de terre, au corps souple, arrondi et divisé en segments.

ANTARCTIQUE
Continent couvert de banquise qui entoure le pôle Sud.

ANTENNE
Longue structure sensorielle située sur la tête des insectes, des crustacés et de certains autres arthropodes.

ARACHNIDE
Arthropode doté de quatre paires de pattes, comme l'araignée et le scorpion.

ARCTIQUE
Région entourant le pôle Nord.

ARTÈRE
Vaisseau sanguin transportant le sang riche en oxygène du cœur vers les tissus.

ARTHROPODE
Invertébré comme les insectes, les crustacés et les arachnides au corps rigide et aux pattes articulées.

BACTÉRIES
Groupe d'organismes simples à une seule cellule le plus abondant sur Terre.

CAMOUFLAGE
Façon dont un animal utilise sa forme ou sa couleur pour passer inaperçu dans son environnement.

CARAPACE
Cuirasse dure qui recouvre et protège la tête et le thorax de crustacés comme le homard et le crabe.

CARBONATE DE CALCIUM
Sel minéral blanc et solide formant ou renforçant la coquille des mollusques et la cuticule des crustacés.

CARNIVORE
Nom spécifique donné aux mammifères, dont le chat et le loup, mangeant principalement de la viande. S'applique aussi à tout animal mangeur de viande.

CARTILAGE
Tissu dur mais flexible formant le squelette des poissons cartilagineux, comme le requin, et présent dans le squelette d'autres vertébrés.

CELLULE
L'une des nombreuses unités vivantes constituant le corps d'un animal. D'autres êtres vivants comme les bactéries et les plantes possèdent une ou plusieurs cellules.

CÉPHALOPODE
Type de mollusque, comme la pieuvre, possédant une tête distincte, de gros yeux et des tentacules munis de ventouses.

CÉPHALOTHORAX
Partie avant, dotée de quatre paires de pattes, du corps des araignées et autres arachnides.

CHAÎNE ALIMENTAIRE
Lien unissant les espèces d'un habitat et montrant qui mange quoi.

CHORDÉ
Membre du groupe des vertébrés possédant une colonne vertébrale.

CRUSTACÉ
Arthropode, comme le crabe et la crevette, qui possède deux paires d'antennes et plusieurs paires de pattes articulées.

CUTICULE
Partie externe dure et protectrice des arthropodes comme les insectes et les crustacés.

DIOXYDE DE CARBONE
Déchet gazeux dégagé par la respiration cellulaire.

ÉCHINODERME
Invertébré marin doté d'un squelette interne, comme l'étoile de mer et l'oursin, au corps divisé en cinq parties égales.

ÉCHOLOCATION
Utilisation d'ultrasons, par la chauve-souris et le dauphin, notamment, pour repérer les objets et surtout la nourriture.

ÉCOSYSTÈME
Communauté d'organismes vivant dans un environnement précis, comme une forêt tropicale ou un récif corallien.

ECTOTHERME
Désigne un animal, comme la grenouille, dont la température interne varie en fonction de la température extérieure.

ENDOTHERME
Désigne un animal, comme le canard ou le lapin, dont la température interne ne varie pas.

ÉNERGIE
Capacité à fournir un travail. Toutes les fonctions vitales, dont la croissance et le mouvement, ont besoin d'énergie.

ENZYME
Substance accélérant les réactions chimiques, dont la dégradation des molécules d'aliments pendant la digestion, dans les animaux et autres organismes vivants.

ÉQUATEUR
Ligne imaginaire tracée autour de la Terre, à égale distance entre les pôles, qui divise la planète en hémisphères Nord et Sud.

ESPÈCE
Groupe d'organismes composé d'individus similaires pouvant se reproduire ensemble.

ÉVOLUTION
Processus par lequel les espèces se modifient au fil des générations, ce qui donne de nouvelles espèces.

EXOSQUELETTE
Couche externe dure des animaux comme les insectes et les crustacés.

EXTINCTION
Disparition définitive d'une espèce particulière d'animaux ou autres organismes vivants.

GÈNE
L'une des informations, stockées dans les cellules, nécessaire pour former et faire fonctionner le corps d'un animal, et transmise par les parents.

GONADE
Organe, comme le testicule ou l'ovaire, qui produit les cellules sexuelles nécessaires à la reproduction.

HABITAT
Lieu où vit une espèce d'animal ou autre organisme vivant.

HÉMISPHÈRE NORD OU SUD
Moitié de la Terre située au nord ou au sud de l'équateur.

HERBIVORE
Animal, comme la vache, qui ne mange que des plantes.

HIBERNATION
Sommeil profond de certains petits mammifères pour survivre au manque de nourriture l'hiver.

INSECTE
Arthropode, comme le scarabée et le papillon, doté de trois paires de pattes, généralement de deux paires d'ailes et d'un corps en trois parties.

INSECTIVORE
Animal, comme le termite, qui se nourrit d'insectes. Ce nom désigne aussi un ordre de mammifères comprenant la taupe et le hérisson.

INVERTÉBRÉ
Animal ne possédant pas de colonne vertébrale, comme le ver de terre et les insectes.

KRILL
Crustacé proche de la crevette, principale nourriture des baleines.

LARVE
Jeune animal sorti d'un œuf, qui va subir une métamorphose pour devenir un adulte (un papillon, par exemple).

MAMMIFÈRE
Vertébré endotherme, comme le lion et la chauve-souris, qui est couvert de poils et allaite ses petits.

MÉTAMORPHOSE
Transformation du corps de certains animaux, dont les amphibiens et de nombreux insectes, lorsqu'ils deviennent adultes.

MICRO-ORGANISME
Être vivant que l'on ne peut observer qu'au microscope.

MIGRATION
Voyage souvent saisonnier que fait un animal d'un habitat vers un autre pour trouver de la nourriture ou bien se reproduire.

MOLLUSQUE
Invertébré à corps mou, comme l'escargot et la moule, généralement protégé par une coquille dure.

MUCUS
Fluide épais et gluant sécrété par des animaux dans un but de lubrification ou de protection.

MUSCLE
Tissu que l'animal peut contracter pour bouger et se déplacer.

NECTAR
Liquide sucré produit par les plantes pour attirer les animaux pollinisateurs comme le papillon.

NERF
Faisceau de longues cellules spécialisées qui transmettent les signaux d'une partie du corps à une autre.

NOCTURNE
Terme désignant un animal actif la nuit et inactif le jour.

NUTRIMENT
Substance contenue dans les aliments, dont l'animal a besoin pour fonctionner.

NYMPHE
Stade du cycle de vie d'un insecte. C'est une version plus petite et sans ailes de l'insecte adulte.

ŒIL COMPOSÉ
Type d'œil formé de nombreuses petites unités, que l'on trouve chez les insectes et les crustacés.

OISEAU
Vertébré endotherme, comme l'aigle, possédant un bec, des plumes et des ailes, et sachant voler.

OMNIVORE
Désigne un animal, comme l'ours, qui se nourrit à la fois de végétaux et d'animaux.

ONGULÉ
Mammifère, comme le cheval ou le cochon, dont les pattes sont munies d'un sabot dur.

ORGANE
Structure, comme le cœur ou l'œil, faite de plusieurs types de tissu et jouant un rôle spécifique dans les fonctions vitales d'un animal.

ORGANISME
Être vivant, comme un animal ou une plante.

OUÏE
Structure par laquelle les poissons et autres animaux aquatiques inspirent l'oxygène et rejettent le dioxyde de carbone dans l'eau.

OXYGÈNE
Gaz absorbé par un animal pendant la respiration cellulaire (production d'énergie).

PARASITE
Organisme vivant à l'intérieur ou à l'extérieur du corps d'une autre espèce, et à ses dépens.

PHÉROMONE
«Message» chimique émis par un animal et produisant des effets sur les autres membres de son espèce.

PHOTOSYNTHÈSE
Processus par lequel les plantes, grâce à l'énergie solaire, mélangent du dioxyde de carbone et de l'eau pour fabriquer leur «nourriture».

PLANCTON
Masse de minuscules animaux (zooplancton) ou végétaux (phytoplancton) flottant à la surface des mers et des points d'eau douce.

POISSON
Nom générique désignant plusieurs groupes de vertébrés aquatiques, dont les requins et les poissons osseux, qui possèdent un corps allongé et des nageoires.

POLLINISATEUR
Animal comme le papillon qui, lorsqu'il se nourrit dans une fleur, transporte le pollen d'une fleur à l'autre et permet à celle-ci de se reproduire.

POUMON
Organe des mammifères et autres animaux respirant l'air, servant à absorber l'oxygène et rejeter le dioxyde de carbone.

PRÉDATEUR
Animal, comme le lion, qui tue et mange d'autres animaux.

PRODUCTEUR
Organisme, une plante par exemple, qui fabrique ses aliments grâce à l'énergie solaire et fournit nutriments et énergie à l'animal qui le mange.

PROIE
Animal tué et mangé par un autre, appelé le prédateur.

PROTÉINES
L'un des groupes de substances vitales fabriquées par les cellules d'un animal.

PUPE
Période de repos dans la vie de nombreux insectes, pendant laquelle ils passent de l'état de larve à celui d'adulte : le corps subit un changement complet, la métamorphose.

RADULA
Pièce buccale des mollusques utilisée pour râcler la nourriture.

REPTILE
Vertébré ectotherme à la peau écailleuse imperméable, comme le crocodile et le serpent, qui pond des œufs.

SAVANE
Habitat aux arbres très espacés des régions chaudes, principalement en Afrique.

SÉLECTION NATURELLE
Processus permettant aux organismes les mieux adaptés à leur milieu de survivre assez longtemps pour se reproduire. C'est le principe de base de l'évolution.

SOIES
Poils courts et rigides présents chez de nombreux invertébrés.

STÉRILE
Désigne un animal, comme l'abeille ouvrière, qui ne peut se reproduire.

SYMBIOSE
Interaction entre deux espèces différentes, qui peut profiter aux deux ou à une seule.

SYSTÈME OU APPAREIL
Série d'organes liés entre eux dans un corps, qui remplit une ou plusieurs fonctions.

TERRITOIRE
Zone défendue par un animal pour protéger sa source de nourriture ou d'eau, se reproduire ou élever ses petits.

TÊTARD
Larve, ou stade immature, des amphibiens.

THORAX
Partie centrale du corps d'un insecte, qui comprend la tête chez les arachnides et les crustacés. C'est le nom de la poitrine chez les vertébrés.

VEINE
Vaisseau sanguin qui transporte des tissus vers le cœur le sang appauvri en oxygène.

VENIN
Poison sécrété par les crochets ou le dard d'un animal comme la vipère pour paralyser ou tuer ses proies ou ses ennemis.

VERTÉBRÉ
Animal possédant une colonne vertébrale, comme les poissons, les oiseaux et les mammifères.

Index

Remerciements

L'éditeur remercie :
Charlotte Webb, Jackie Brind, Steven Carton, Richard Ferguson, KJA-artists.com, le personnel de la Zoology Library of the Natural History Museum, à Londres et Robert J. Lang.

Les éditeurs adressent également leurs remerciements aux personnes et/ou organismes cités ci-dessous pour aimable autorisation à reproduire les photographies :

Légende :
h = haut ; b = bas ; c = centre ; e = extrême ; g = gauche ; d = droite ; t = tout en haut

6-7 NHPA / Photoshot : Martin Harvey (c). **8** Science Photo Library : Steve Gschmeissner (cgb) ; P. Hawtin, université de Southampton (cdh) ; Dr Kari Lounatmaa (td) ; Astrid & Hanns-Frieder Michler (cg). **9** Science Photo Library : Sinclair Stammers (c). **10** Corbis : Jose Luis Palaez, Inc (ch/vers de terre). DK Images : Frank Greenaway / avec l'autorisation du Natural History Museum (td) ; Colin Keats / avec l'autorisation du Natural History Museum (bg) ; Harry Taylor / avec l'autorisation du Natural History Museum (cgh/corail). FLPA : imagebroker / J. W. Alker (c/ver de feu barbu) ; Roger Tidman (ebd/tique). Getty Images : Stephen Frink (ecgb). Science Photo Library : Dr, George Gornacz (c/polyclade) ; Nature's Images (bc/planaire terrestre) ; Matthew Oldfield (etg/éponge) ; Dr. Morley Read (tc/onychophore). **11** Corbis : Tom Brakefield (bd/orque). DK Images : Jerry Young (cdb/crocodile). Getty Images : Karl Ammann (ecd). Science Photo Library : Matthew Oldfield, Scubazoo (ch/crevette-mante). SeaPics.com : Doug Perrine (cg/nautile) ; Mark Strickland (cgb/cône). **13** FLPA : Paul Hobson / Holt (bg) (cb) ; Derek Middleton (cdh) (td). **16-17** The Natural History Museum, Londres : McAlpine Zoological Atlas / Z, 11, Q, M, / planche XVIII (cd). **20** Corbis : Peter Johnson (c). **20-21** Getty Images : Foodcollection (bc). Photolibrary : Ross Armstrong (ch). **21** NHPA / Photoshot : Jason Stone (tc). **22** FLPA : Minden Pictures (cd/tortue géante). Still Pictures : Biosphoto / Heuclin Daniel (cg). **23** Alamy Images : Tim Gainey (cg). Corbis : Momatiuk-Eastcott (c/albatros). DK Images : Barrie Watts (bd) ; Jerry Young (tg/crocodile). FLPA : Fritz Polking (cd). Getty Images : Ken Lucas (cb). **26** Alamy Images : Arco Images GmbH (ebg) ; William Leaman (cd). Corbis : Bettmann (ch/trogon). **26-27** Alamy Images : Arco Images GmbH (tc) (bd). **27** Alamy Images : Arco Images GmbH (td) (ecdb). Ardea : Rolf Kopfle (ebd). **28** Corbis : Visuals Unlimited (cb/dragon de Komodo). DK Images : Jerry Young (cdh/crocodile). Getty Images : Stockbyte (cb/chaise-longue). **29** Corbis : Michael & Patricia Fogden (cgb/moloch hérissé). DK Images : Jan Van Der Voort (bc/lézard vermiforme) (cb/monstre de gila) ; Jerry Young (cdh/vipère heurtante). **30** NHPA / Photoshot : Stephen Dalton (td/grenouille volante). Science Photo Library : Paul Zahl (tc). **30-31** Getty Images : John Burcham / National Geographic (c). **31** FLPA : S & D Maslowski (tc) ; Chris Mattison (cg/pied-en-bêche de Couch) (c/grenouille de Darwin) ; Minden Pictures (ecd/grenouille de verre) ; Minden Pictures / Piotr Naskrecki (cg/cécilie). Photolibrary : Emanuele Biggi (ecg/salamandre sans poumons). **32** NHPA / Photoshot : A.N.T. Photo Library (cgb/lamproie). **32-33** Corbis : Amos Nachoum (c/banc de barracudas). **33** Alamy Images : Stephen Fink Collection (cdb/murène). FLPA : Michael Durham / Minden Pictures (tc/esturgeon blanc). Photolibrary : Paulo De Oliveira (cgh/poisson-hache). **34-35** Photolibrary : Ed Robinson (c). **35** Corbis : Lawson Wood (bg). SeaPics.com : Marc Chamberlain (td). **36** Science Photo Library : Matthew Oldfield, Scubazoo (cg). **37** Alamy Images : David Adamson (td). iStockphoto.com : edfuentesg (bd/eau en fond). **38** Science Photo Library : David T. Thomas (td). **39** FLPA : Nigel Cattlin / Hilt Studios (ebd/grosse tique) ; Roger Tidman (ebd/petite tique). Getty Images : Photographer's Choice (cd/grille du siphon). **40** Corbis : Martin Harvey (cgb/fourmi parasol). **41** DK Images : Harry Taylor / avec l'autorisation du Natural History Museum (tg/punaise rayée). **42** SeaPics.com : Doug Perrine (cgh). **42-43** Alamy Images : imagebroker (c). Science Photo Library : Dr. Keith Wheeler (bc/patelles). **43** SeaPics.com : Marc Chamberlain (cgh) ; Mark Strickland (cdh) (ch) ; Jez Tryner (cd) ; James D. Watt (bd). **44** FLPA : D. P. Wilson (cg). Science Photo Library : Nature's Images (bd) ; Dr. Morley Read (bg). **45** Corbis : Jose Luis Palaez, Inc (cg). FLPA : imagebroker / J. W. Alker (bd) ; D. P. Wilson (cd). Science Photo Library : Dr, George Gornacz (td). **46** Corbis : Lawson Wood (bc). DK Images : Geoff Brightling / Peter Minister – modelmaker (td/méduse-boîte) ; David Peart (tc). Adam Laverty : (tg). SeaPics.com : Doug Perrine (ebg) ; Richard Hermann (cgh). **47** Corbis : Stephen Frink (c/fond). Getty Images : Brandon Cole (bg). SeaPics.com : Brenna Hernandez / Shedd Aqua (bd). **48** The Natural History Museum, Londres : John Sibbick (tg). **49** Alamy Images : Natural History Museum (c). **50** Ardea : Tom & Pat Leeson (cg). Auscape : Francois Gohier (bc). NHPA / Photoshot : Joe Blossom (td). Ignacio De la Riva : (cd). **51** Bruce Behnke : (cdh). FLPA : Minden Pictures (bg). Paul H. Humann : (cg). naturepl.com : Paul Johnson (tg). **52-53** naturepl.com : Anup Shah (c). **54** SeaPics.com : Steve Drogin (c). **55** SeaPics.com : Michael S. Nolan (c). **56** Corbis : Mary Ann McDonald (tg). FLPA : Minden Pictures (ecg/tamanoir). Photolibrary : Nick Gordon (cdh/vampire) ; Stan Osolinski (bc). **57** Corbis : Galen Rowell (cd/muntjac). **58** Alamy Images : blickwinkel (tg). NHPA / Photoshot : Anthony Bannister (cb). Photolibrary : Marian Bacon (c) ; Michael Fogden (bc). **58-59** Alamy Images : Steve Allen Travel Photography (c). FLPA : Richard Dirscheri (cb). NHPA / Photoshot : Stephen Dalton (tc). **59** FLPA : imagebroker / Stefan Huwiler (tc). naturepl.com : Anup Shah (cb). NHPA / Photoshot : Stephen Dalton (c). Photolibrary : David B. Fleetham (bc). **62** Ardea : M. Watson (cd). FLPA : Minden Pictures (c) ; Sunset (cg). Photolibrary : Eyecandy Images (bg/miroir) ; Per-Gunnar Ostby (bd). Science Photo Library : Claude Nuridsany & Marie Perennou (bg). **63** FLPA : Minden / Frits Van Daalen / FN (cd). naturepl.com : John Waters (bd). Photolibrary : Richard Packwood (cg). **66** Ardea : Paul Van Gaalen (c) ; Andrey Zvoznikov (cgh). Corbis : Visuals Unlimited (cgb). naturepl.com : Alan James (cg). **66-67** Alamy Images : David Crausby (c/lunettes de soleil). FLPA : imagebroker / Marko K´nig (c). **67** Alamy Images : Juniors Bildarchiv (cgb). Ardea : John Cancalosi (cgh) ; Ron & Valerie Taylor (cdb). Corbis : Martin Harvey (cdh). Science Photo Library : Ken Read (cd) ; Peter Scoones (td). **68** Alamy Images : Nadia Isakova (bd). Science Photo Library : David Aubrey (tg). **69** Alamy Images : Rick & Nora Bowers (bg) ; Redmond Durrell (tg). **70** Alamy Images : Arco Images GmbH (bc). FLPA : Minden Pictures (c). Photolibrary : Tobias Bernhard (cd). **70-71** Alamy Images : tbkmedia.de (tc). Elizabeth Whiting & Associates : Lu Jeffery (c). **70-72** naturepl.com : Lynn M. Stone (bc). **71** Alamy Images : The National Trust Photolibrary (c). FLPA : Minden Pictures (tc). naturepl.com : Jane Burton (bc). Photoshot : Woodfall Wild Images / Richard Kuzminski (bg/urubu à tête rouge). SeaPics.com : Mark Conlin (cg). 72 Alamy Images : blickwinkel (cd) (cg) ; Phil Degginger (bg). **73** Alamy Images : D. Hurst (cd/iphone) ; Peter Arnold, Inc. (cdb) ; Stuart Simmonds (cg) ; WildPictures (cgb). Ardea : Premaphotos (bg). **74** Corbis : Reuters / Handout (bd). DK Images : Colin Keats / avec l'autorisation du Natural History Museum (cdb) (bc/cloporte en boule) ; Jerry Young (bc). **75** Alamy Images : Kevin Ebi (cg/oies des neiges) ; Roger McGouey (bd). DK Images : Frank Greenaway / avec l'autorisation du Natural History Museum (ch). Barry Gooch : South Carolina Dept. of Natural Resources (bc/pieuvre). Photolibrary : Waina Cheng (cdb/scinque à queue bleue). 76 naturepl.com : John Cancalosi (c/caméléon) ; David Kjaer (cb) ; Constantinos Petrinos (ch) ; Michael Pitts (cd) ; Premaphotos (bc) ; T. J. Rich (bg) ; Markus Varesvuo (cgb). **76-77** SeaPics.com : Mike Veitch (c). **77** Corbis : Tom Brakefield (bg/okapi). naturepl.com : E. A. Kuttapan (tg) ; Doug Allan (cd) ; Ingo Arndt (c/chenille) ; Philippe Clement (ch) ; Mike Wilkes (ecgb/papillon). **78** Alamy Images : Premaphotos (bd). 79 Alamy Images : Neil Hardwick (cd) ; Rolf Nussbaumer (ch). Science Photo Library : Nature's Images (bg). 80 Alamy Images : Images of Africa Photobank (c) ; Stock Connection Blue (cg). **80-81** Getty Images : Stephen Krasemann (cb/mouflon). **81** Alamy Images : Jason Gallier (cgb/rouge-gorge) (cg) ; David Osborn (cd). **82** Alamy Images : Stephen Fink Collection (cb). **83** Alamy Images : AfriPics.com (cgh) ; Fabrice Bettex (cd) ; Daniel Demptser Photography (bd) ; WildPictures (cg). SeaPics.com : Kevin Schafer (tc). **84** Corbis : Tom Brakefield (tg). Still Pictures : Tom Vezo (bg). **84-85** Alamy Images : Kirsty Pargeter (c). **85** FLPA : Hugh Lansdown (cg) ; Sunset (bd). **86** Alamy Images : blickwinkel (bd) ; Daniel Valla FRPS (ch/frégate du Pacifique). DK Images : Frank Greenaway / avec l'autorisation du Natural History Museum (tc/ornithoptère femelle) ; Colin Keats / avec l'autorisation du Natural History Museum (td/ornithoptère mâle). FLPA : David Hosking (ch/frégate rouge du Pacifique). NHPA / Photoshot : Nick Garbutt (cd/nasique femelle) ; Martin Harvey (c/nasique mâle). **86-87** Alamy Images : Larry Lilac (c). **87** Alamy Images : Holger Ehlers (cg) ; Zach Holmes (bc). DK Images : Peter Cross / avec l'autorisation de Richmond Park (ch/cerf mâle). iStockphoto.com : BlackJack3D (bd). **88** Corbis : Frank Lukasseck (bg). Mike Read : (cg). **88-89** Alamy Images : PictureNet Corporation (c/éventails). FLPA : Robin Reijnen (tc). naturepl.com : Roger Powell (c/oiseau-lyre). NHPA / Photoshot : John Shaw (bc). **89** Corbis : Vince Streano (bc). FLPA : Michael Gore (cd). National Geographic Stock : Tim Laman (c). naturepl.com : Shattil & Rozinski (tc). **90** DK Images : Frank Greenaway / avec l'autorisation du Natural History Museum (tc). FLPA : Nigel Cattlin (ch) ; Mike Jones (c). **90-91** Getty Images : Image Source (c/boîte à œufs). **91** Ardea : Steve Hopkin (cb/œufs de papillon). DK Images : Harry Taylor / avec l'autorisation du Natural History Museum (c/œuf de guillemot). **92** Alamy Images : M. Brodie (bd/aigle adulte) ; David Gowans (tg/aiglon récemment né) (cdb/aiglon jeune). Corbis : W. Perry Conway (cd/aiglon poussin). Getty Images : Martin Diebel / fstop (cg/rideau cabine) ; Siri Stafford (cd/rideaux). **92-93** Getty Images : Yo / Stock4B Creative (cd/section verte de la cabine). **93** FLPA : Chris Mattison (cgh/grenouille adulte) (cdh/ailes déployées) (ecgh/grenouille queue rétrécie) (ecdh/libellule adulte) (tg/grenouille avec queue) ; Minden / Rene Krekels / FN (etd/libellule adulte apparaissant) ; Minden Pictures (etg/têtards). Getty Images : Siri Stafford (tg) (bd) (c) (td). naturepl.com : Hans Christophe Kappel (cb/papillon-adulte). NHPA / Photoshot : George Bernard (tg/nymphe). SeaPics.com : Daniel W. Gotshall (ebd/saumon mature) ; Chris Huss (bd/jeune saumon) ; Jeff Mondragon (cdb/œuf). Still Pictures : Wildlife / A. Mertiny (ecdb/alevin). **94** Ardea : Ferrero-Labat (cgh). **95** Ardea : Tom & Pat Leeson (cg) ; Pat Morris (cdb) ; Tom Watson (tg). César Luis Barrio Amorós : Fundación AndigenA (bc). Corbis : Frank Lane Picture Agency / Philip Perry (td). Photolibrary : Ken Preston-Mafham (cd). **96-97** naturepl.com : Tom Vezo (c). 98 Alamy Images : Reinhard Dirscherl (ch). Corbis : Theo Allofs (bd). FLPA : Mark Newman (td) ; Ariadne Van Zandbergen (bg). **98-99** Ardea : G. Robertson (bc). **99** Alamy Images : James Clarke Images (tc/clefs). Corbis : Martin Harvey (tg) ; Minden Pictures / Mark Raycroft (bd). FLPA : Minden Pictures (td). **100** Ardea : Densey Clyne (cb) ; John Daniels (bg) ; Don Hadden (cdb). Corbis : Rose Hartman (ch). FLPA : Minden Pictures (tc). Photolibrary : Harry Fox (bd). **101** Ardea : Masahiro Iijima (cb). FLPA : imagebroker / Michael Krabs (ch) ; Minden Pictures (bd) (bg). **102** DK Images : David Peart (td) ; Rollin Verlinde (bg). FLPA : Minden Pictures (bd/lièvre de Californie). **102-103** Corbis : Mark Dye / Star Ledger (c). **103** Photolibrary : David M. Dennis (bd) ; David Haring / Dupc (cdb) ; Wallace Kirkland (cdh). SeaPics.com : Gregory Ochocki (tg). **108** Photolibrary : Andoni Canela (cg/palmier). Science Photo Library : Steve Gschmeissner (cgh). **109** Ardea : Francois Gohier (cg). Photolibrary : Andoni Canela (ecd/palmier). **112** Alamy Images : tbkmedia.de (tg). Corbis : Denis Scott (ebg) (cb/ver tubicole). DeepSeaPhotography.Com : (cd) (cb). National Geographic Stock : Paul Nicklen (tc) ; Norbert Wu / Minden Pictures (bg/grangousier). Science Photo Library : Dr. Ken MacDonald (bd). **112-113** Getty Images : Per-Eric Berglund (c). **113** Alamy Images : Arco Images GmbH (tg) ; Elvele Images Ltd (tc) ; Don Hadden (c) ; Image Source Black (bd). NHPA / Photoshot : T. Kitchin & V. Hurst (td). Still Pictures : A. Hartl (bg) ; Wildlife / O.Diez (cg). **114** Alamy Images : Elvele Images Ltd (cgh) ; Antje Schulte (tg). DK Images : David Peart (bg). **114-115** Science Photo Library : Georgette Douwma (tc). **115** Alamy Images : cbimages (cgb). Photolibrary : Oxford Scientific (td). SeaPics.com : Doug Perrine (bd). **116** DK Images : Jerry Young (bd). **118** FLPA : Nigel Cattlin (cgb) ; Tony Hamblin (tg). Photolibrary : Carol Geake (cdb). Science Photo Library : Rondi & Tani Church (bc) ; Steve Gschmeissner (cgh). **119** Alamy Images : blickwinkel (bg). Corbis : Kevin Schafer (td/tiques sur la grenouille). Science Photo Library : Eye of Science (bd) ; Andew J. Martinez (cg) ; David Scharf (tg) (cd/parasite du poisson). **120** Alamy Images : Arco Images GmbH (cdh) (td) ; Gavin Thorn (cd) ; Wildlife GmbH (c). Photo Biopix.dk : Niels Sloth (bd). **120-121** Alamy Images : J. R. Bale (c) (cd/euglandine sur fougère). **121** Alamy Images : Photo Resource Hawaii (cdh) (bd) (td) ; Jack Picone (tg) (cg) ; A & J Visage (tc). Ardea : Kathie Atkinson (bg). Corbis : John Carnemolla (cb). FLPA : Minden Pictures (c/clôture). NHPA / Photoshot : Daniel Heuclin (cgh). **122** Ardea : Kenneth W. Fink (bc). The Natural History Museum, Londres : Michael Long (cgh). **122-123** Alamy Images : Oote Boe (c)

Toute autre illustration © Dorling Kindersley